Block 1

Gregorian (月)	Date	Tzolk'in	Haab' month	Haab' day
AUG 8月	25	1		KAN
	26	2		CHIKCHAN
	27	3		KIMIL
	28	4		MANIK
	29	5		LAMAT
	30	6		MULUK
	31	7		OK
	1	8		CHUEN
	2	9		EB
	3	10	3月 ZIP	BEN
	4	11		IX
	5	12		MEN
	6	13		KIB
	7	14		KABAN
	8	15		EDZNAH
	9	16		KAUAK
	10	17		AHAU
	11	18		IMIX
	12	19		IK'
	13	20		AKBAL
SEP (秋分) 9月	14	1		KAN
	15	2		CHIKCHAN
	16	3		KIMIL
	17	4		MANIK
	18	5		LAMAT
	19	6		MULUK
	20	7		OK
	21	8		CHUEN
	22	9		EB
	23	10	4月 ZOODZ'	BEN
	24	11		IX
	25	12		MEN
	26	13		KIB
	27	14		KABAN
	28	15		EDZNAH
	29	16		KAUAK
	30	17		AHAU
OCT 10月	1	18		IMIX
	2	19		IK'
	3	20		AKBAL

Block 2

Gregorian (月)	Date	Tzolk'in	Haab' month	Haab' day
	4	1		KAN
	5	2		CHIKCHAN
	6	3		KIMIL
	7	4		MANIK
	8	5		LAMAT
	9	6		MULUK
	10	7		OK
	11	8		CHUEN
	12	9		EB
	13	10	5月 TZ'EK	BEN
	14	11		IX
	15	12		MEN
	16	13		KIB
OCT 10月	17	14		KABAN
	18	15		EDZNAH
	19	16		KAUAK
	20	17		AHAU
	21	18		IMIX
	22	19		IK'
	23	20		AKBAL
	24	1		KAN
	30	7		OK
	31	8		CHUEN
	1	9		EB
	2	10	6月 XUL	BEN
	3	11		IX
	4	12		MEN
	5	13		KIB
NOV 11月	6	14		KABAN
	7	15		EDZNAH
	8	16		KAUAK
	9	17		AHAU
	10	18		IMIX
	11	19		IK'
	12	20		AKBAL

Block 3

Gregorian (月)	Date	Tzolk'in	Haab' month	Haab' day
	13	1		KAN
	14	2		CHIKCHAN
	15	3		KIMIL
	16	4		MANIK
	17	5		LAMAT
	18	6		MULUK
	19	7		OK
	20	8		CHUEN
NOV 11月	21	9		EB
	22	10	7月 YAXK'IN	BEN
	23	11		IX
	24	12		MEN
	25	13		KIB
	26	14		KABAN
	27	15		EDZNAH
	28	16		KAUAK
	29	17		AHAU
	30	18		IMIX
DEC 12月	1	19		IK'
	2	20		AKBAL

西曆／馬雅太陽曆對照表

（註：著色處代表冬至、春分、夏至、秋分之時間區段。）

各欄位對應的西曆月份與馬雅月份：

區塊	西曆月份	馬雅月份
A	DEC（冬至）12月 / JAN 1月	8月 MOL / 9月 CH'EN
B	JAN 1月 / FEB 2月	10月 YAX / 11月 ZAK'
C	FEB 2月 / MAR（春分）3月 / APR 4月	12月 KEH / 13 MAK
D	APR 4月 / MAY 5月	14月 K'ANK'IN / 15 MOAN
E	MAY 5月 / JUN（夏至）6月	16月 PAX / 17 KAYAB'
F	JUN 6月 / JUL 7月	18月 KUNK'U' / 19 UAYEB'
G	JUL 7月 / AUG 8月	1月 POP / 2 UO

對照表（西曆日期對應馬雅日名，第一循環）

馬雅日	日名	A	B	C	D	E	F	G
1	KAN	3	12	21	2	12	21	16
2	CHIKCHAN	4	13	22	3	13	22	17
3	KIMIL	5	14	23	4	14	23	18
4	MANIK	6	15	24	5	15	24	19
5	LAMAT	7	16	25	6	16	25	20
6	MULUK	8	17	26	7	17	26	21
7	OK	9	18	27	8	18	27	22
8	CHUEN	10	19	28	9	19	28	23
9	EB	11	20	1	10	20	29	24
10	BEN	12	21	2	11	21	30	25
11	IX	13	22	3	12	22	1	26
12	MEN	14	23	4	13	23	2	27
13	KIB	15	24	5	14	24	3	28
14	KABAN	16	25	6	15	25	4	29
15	EDZNAH	17	26	7	16	26	5	30
16	KAUAK	18	27	8	17	27	6	31
17	AHAU	19	28	9	18	28	7	1
18	IMIX	20	29	10	19	29	8	2
19	IK'	21	30	11	20	30	9	3
20	AKBAL	22	31	12	21	31	10	4

對照表（西曆日期對應馬雅日名，第二循環）

馬雅日	日名	A	B	C	D	E	F	G
1	KAN	23	1	13	22	1	11	5
2	CHIKCHAN	24	2	14	23	2	12	6
3	KIMIL	25	3	15	24	3	13	7
4	MANIK	26	4	16	25	4	14	8
5	LAMAT	27	5	17	26	5	15	9
6	MULUK	28	6	18	27	6		10
7	OK	29	7	19	28	7		11
8	CHUEN	30	8	20	29	8		12
9	EB	31	9	21	30	9		13
10	BEN	1	10	22	1	10		14
11	IX	2	11	23	2	11		15
12	MEN	3	12	24	3	12		16
13	KIB	4	13	25	4	13		17
14	KABAN	5	14	26	5	14		18
15	EDZNAH	6	15	27	6	15		19
16	KAUAK	7	16	28	7	16		20
17	AHAU	8	17	29	8	17		21
18	IMIX	9	18	30	9	18		22
19	IK'	10	19	31	10	19		23
20	AKBAL	11	20	1	11	20		24

註：F 區塊第二循環僅有五日（19 UAYEB' 月），對應 1 KAN=11、2 CHIKCHAN=12、3 KIMIL=13、4 MANIK=14、5 LAMAT=15。

活出你的靈魂印記，取用宇宙能量頻率

古馬雅曆法
大解密

The secrets of Ancient
Mayan Calendar

米格爾 Miguel Angel Vergara、王慧芳 Rita Wang 合著

如何使用本書？
古馬雅曆生日解盤步驟

　　馬雅人認為當造物主把一個人的靈和此生的藍圖組成DNA，然後吹一口氣送入了母親的子宮，此刻就是受孕的時刻。這時刻對馬雅人來說是非常重要的，因為它和你此生的靈性道路有密切的關係。當嬰兒出生時，馬雅祭司就根據它來決定小孩未來的個性和適合的職業。請用和諧、流動、彈性的方式，以哲學的角度來解讀訊息。解讀之前先連結個案的圖騰，打開你內在的眼睛，能量會帶你看到圖騰的意義，答案就在每日的圖騰中。

• 查詢步驟及範例

步驟一：首先寫下個人的西曆生日，

例如：生日：1月13日

步驟二：從拉頁附錄的「西曆／馬雅太陽曆對照表」找到西曆生日對應的馬雅曆日期：

例如：西曆1月13日＝馬雅曆10月2日，圖騰如下：

10月 亞旭（YAX）：

2日 奇克洽安（CHIKCHAN）：

亞旭（YAX）－奇克洽安（CHIKCHAN）即是你的出生印記，代表你的心——意識，和身——肉體（振動的存有），即是你有肉身之後，在地球上的體驗，生命過程所要學習的經驗或課題。

步驟三：從西曆生日往回推九個月（不含當月）就是受孕日，一樣從對照表中找到西曆受孕日對應的馬雅曆日期：

例如：西曆生日1月13日，往回推九個月，受孕日為西曆4月13日。西曆4月13日＝馬雅曆14月12日，圖騰如下：

14月　坎陰（KANKIN）

12日　妹恩（MEN）

坎陰（KANKIN）－妹恩（MEN）即是你的受孕（DNA）印記，代表你有肉身之前所具備的靈性天賦，與此生的靈性使命有關。

步驟四：接著將出生和受孕的圖騰畫在空白的紙上。

＊解讀方式：

1. 參考書中圖騰所代表的靈性意義、關鍵字、詩句等。
2. 看圖騰用自己的直覺解讀。
3. 靜心冥想（接收訊息）。
4. 若有具體問題尋求解答時可以抽五張圖騰卡找答案，需要再確認時可以抽一張神諭卡。
5. 參考馬雅神聖數字的意義。

步驟五：神聖數字：請參閱書中「神聖數字」（第108頁）所述意義，或依當下直覺出現的數字解讀。每個人當下的頻率隨時在變動，當你的頻率改變，數字也會隨之改變。

- 生命數：出生和受孕的數字相加至個位數。
  生日＝10＋2＝12；1＋2＝3
  受孕＝14＋12＝26；2＋6＝8

生命數＝ 3 ＋ 8 ＝ 11，1 ＋ 1 ＝ 2

● 流年數：生命數字和西元年數字相加至個位數。

2 ＋ 2020 ＝ 2022 ＝ 6

例如：1月13日出生的範例解讀：

一、受孕（DNA）印記：馬雅曆14月（KANKIN）12日（MEN）

坎陰（KANKIN）：KAN ＝ 4，KAN 是太陽

妹恩（MEN）：藥草師

＊訊息解讀：太陽神的振動頻率將引導你實現這一世的使命，成為一位女藥草師。

二、生日印記：馬雅曆10月（YAX）2日（CHIKCHAN）

亞旭（YAX）：是太陽升起時的第一道光，有如你心輪的綠光。

奇克洽安（CHIKCHAN）：生命中所遇到的挑戰裡藏著未雕

琢的璞玉，你要從中找到真正的寶石。

＊訊息解讀：亞旭（YAX）就是你靈性上的寶石，存在你心中的美玉，玉的綠色代表愛的能量，它將引導你通過生命中所有的考驗，以及穿越一切挑戰。

你將穿越不同的層次（頻率）了解到你靈性道路上真正的智慧，並且藉著你所擁有的力量和能力完全運用在生活中。「你所說的一切，將會顯化。」

三、神聖數字：2

把DNA和生日印記的馬雅日期相加至個位數而成。

$10 + 2 + 14 + 12 = 38$

$3 + 8 = 11$

$1 + 1 = 2$

- 陰性能量
- 來自大地之母的祝福
- 陰陽平衡

第四部　古馬雅曆應用

第五部　古馬雅的神聖教導

作者序一
新的循環，開啟人類新意識

馬雅祭司　米格爾 Miguel Angel Vergara

來自一位智者，

偉大的思想家，

馬雅智慧的源頭……

　　馬雅文化令人讚嘆的宇宙觀，啟發了我開始寫這本古馬雅曆法書。

　　一九八〇年，我有幸遇見了我的老師——唐·維森特·馬丁·蓋梅茲（Don Vicente Martin Guemez），一位備受尊敬的馬雅長老。從此開啟了我學習馬雅智慧之門，他教導我用全新的視野和方法理解及運用馬雅曆，特別是合併使用太陽和月亮曆解讀所代表的意涵。連續十七年，我跟著他不斷學習馬雅曆法的奧妙，直到一九九七年他離世為止。他將畢生所知的馬雅智慧全部傳授予我，我才得以將這些神聖的知識，分享到馬雅以外的世界，至今他仍然從另一個次元持續教導我。

　　另一個啟發我學習馬雅曆的是奇琴伊薩（Chichen-Itza）的庫庫坎（KukuulKaan）金字塔，它是天文曆法的實體模型。我致力於研究哈伯太陽曆（HAAB）——一年十九個月共三六五天以及卓爾金月亮曆（Tzolkin或Xok-Kin）——每月二十天，一年共二六〇天，以期深入發掘每一個月和每一天靈性上的意義。

　　馬雅結合這兩個曆法，設計了所謂的「馬雅生日盤」。目的是找出每個人受孕的日期，藉由這月和日的圖騰可以了解個人此生的靈性使命，來地球的目的為何，再根據每人不同性格知道如何運用它們，讓身、心落實在生活中。同時讓每個人理解身、心、靈是如何協同工作，從而對自己的個人和靈性生活，有更好、更清楚的認識。

　　這本書透過馬雅曆神聖的知識，描述馬雅的月分和日期，它將為大家打開一個全新不可思議的宇宙窗口，讓你以「新的眼睛」看待宇宙和地球。換成馬雅的說法，即是讓你自己重新連結「天空之心」和「地球之心」。藉由這個知識，你可以認識每個月分和日期圖騰意涵的靈性本質。當你在日常生活中日復一日地頻繁使用這個曆法，你的意識和覺知將提升到另一個層次。

　　在此，我只想告訴你們：

- 使用馬雅月分和日期的關鍵碼，可以重新啟動宇宙智慧。

- 馬雅的光之大師們和人類分享神聖的馬雅曆，以期日復一日重新激活我們的意識。
- 每個馬雅的圖騰和宇宙及地球的神聖知識，是緊密相連的。
- 現在就是充分利用馬雅曆法神聖能量的時刻，分享和平、愛、光、療癒、和諧、仁慈、平衡，給自己、人類和所有的生命存有。

　　馬雅曆的圖騰，蘊藏著天空和地球之間相互的運行變化，每個運行都表達了宇宙和地球的深奧知識和連結，太陽和月亮的運行，行星的運行，四方的守護神，以及宇宙、大自然和人類之間美好且深刻的相互關係。

　　IN-LAK'ECH（你是另一個我）！

　　──於梅里達（Merida），猶加敦（Yucatan），墨西哥

作者序二
身為種子的使命

王慧芳 Rita Wang

「所有的教導唯有自己親身實做，透過體驗才能轉為真正的智慧。」

二〇一九年是歷史的一刻……

二〇一一年我第一次到馬雅聖地，馬雅祭司米格爾為我做了第一次馬雅印記解讀，我當下就被馬雅圖騰深深吸引，只是當時學習的時機尚未成熟，但已播下了種子。米格爾跟著馬雅長老唐・維森特整整學習了十七年的古馬雅曆法，直到長老往生。至今長老唐・維森特仍然從另一個次元持續教導他。傳統與長老學習的方式皆是口傳，沒有文字、講義，有的只是古馬雅人所遺留下來的圖騰，只能邊說邊看邊學。圖騰裡隱藏了很多哲學、天文、靈性、宇宙、大自然等知識，唯有透過不斷的實修，才能慢慢明白圖騰的訊息。幾十年來米格爾一直透過靜心冥想與馬雅圖騰連結，不斷更深入

了解圖騰的真義，並且為無數來自世界各地的人解讀馬雅印記，累積了深厚的經驗。我們非常幸運成為有史以來第一批學習的人，祭司米格爾將幾十年累積的經驗，毫無保留的傳授給我們。我們有如經歷了一趟穿越時空與遠古馬雅祖先相遇的旅程。

從第一天唱頌咒音 "Hun"〔音同：胡恩〕與宇宙連結開啟了序幕……

古馬雅人深信自己是從宇宙來的，所有的知識亦源自宇宙，所以連結宇宙對馬雅人是非常重要的。在我們居住的太陽星系中，每一個星球都有不同的圖騰和咒音，可以由咒音連結不同星球的能量，用於靈性的修行。例如火星的能量可以轉化和喚醒內在的戰士等。米格爾帶領我們充分了解馬雅的宇宙觀和生命起源，因為這是學習古馬雅曆法的基礎，否則你將無從理解哈伯太陽曆和卓爾金月亮曆的精髓。他用了整整八天的時間，一一深入講解哈伯太陽曆十九個月和卓爾金月亮曆二十個日的圖騰，在哲學與靈性上的含義，正確結合兩個曆法完成馬雅命盤的方法，清楚此生靈性的使命，同時了解如何運用圖騰於身和心。

這是馬雅祭司米格爾首次公開傳授古馬雅曆解讀方法，我們是全世界第一批種子，又剛好是十三人，完全與馬雅神聖數字13的頻率共振！接下來的一年，我們將不斷分享他

所傳授的知識。希望古馬雅曆透過十三顆種子，在不久的將來開花結果，讓馬雅人的智慧發揚光大。

　　這本書整合了米格爾所提供的馬雅資料和實務教學的紀錄，再加上學員們所分享的案例而成，我期待它是一本學習古馬雅曆的工具書，藉此獻給所有對古馬雅曆有興趣的人參考使用。

　　現在就打開書，聆聽馬雅大師們的智慧吧！

序曲
認識永恆的曆法

你是另一個我！（IN-LAK'ECH）

我是另一個你！（A-LAK'EN）

讓我們一起隨著馬雅人的腳印，穿越時空解開古馬雅曆的奧妙⋯⋯

馬雅人相遇時的問候語，蘊藏著很深的哲學，人與人之間有如彼此的鏡子，當你站在鏡子前時你只看到自己，當沒有你我之分時，一切就趨於和諧，小我就沒有作用。所以當你自己和諧時，你碰到的每一個人也會和你一樣和諧。這種問候不僅限於人類，所有地球上的萬物皆是一樣。你可以像天空、樹木、河流、石頭、山、植物等一樣問候，因為我們都是造物主所創造出來的，我們都擁有同一個心跳，當你問候時皆是心對心，你是另一個我，我是另一個你。

根據馬雅人的傳統說法，最初的祖先是四位蛇人從昂宿星降到地球，馬雅語稱他們為 "Tzab-Kan"，即是「響尾蛇」之意。他們各自代表東方的火元素、西方的風元素、北方的土元素、南方的水元素。四大元素的結合，因而開啟了地球

上的一切萬物。

　　奇切馬雅人（Kiche' Maya）世代口傳下來，唯一的神——呼納庫（Hunab-KU），把四位蛇人祖先送到地球，顯化祂對人類的大愛，牠們同時帶著二十股能量（Abuelos／Nawal）下來，並以二十個不同的圖騰代表。每一股能量有如神的恩典和生命的種子。這二十個圖騰，剛好和我們手和腳的數目相等。馬雅人稱它們為「祖父母」（Abuelos），因為它們是最原始的能量，早在地球開始出現生命之初就已經存在。它們曾經被稱作：「神」、「能量」、「曼達拉」或「象形文字」等。馬雅智者也提到：萬物都在振動，地球的能量也在振動，因此每一個圖騰都帶著正負兩極。這是自然的力量、中間的道路，使我們維持平衡與和諧。

　　古馬雅曆法就是源自此二十股能量，這是馬雅光之大師留下來最大的遺產，他們穿越時空教導馬雅人，如何透過「計算每一天」來測量時間。馬雅聖書《波波‧烏》（Popol Vuh）也記載，古馬雅曆涵蓋了宇宙和地球的本質，這是一部無時間、永恆的曆法。

　　古馬雅曆法的每一天都有特定的能量，提供我們靜心冥想和接收訊息，可用來解答一切發生的事，因何而起、該做什麼、不該做什麼、何時做等等。馬雅人把這曆法用於占卜、星相、預測日蝕或月蝕、靈性上指引、日常生活事物、農作時間表等。

第一部

馬雅人的宇宙觀

天空：代表無限、宇宙最高的天體
地面：代表我們居住的地球
地底：代表地底的世界

源起

　　馬雅的宇宙觀是馬雅人非常重要的信仰。他們所認知的世界是被創造出來的。他們深信自己和宇宙是一個整體，神就是父親和母親，他們可以隨時透過天和地與神溝通，因為他們是神的子女。我們從歷史悠久的奇切族所傳下來的聖書《波波‧烏》中，可以對馬雅人的宇宙觀一窺究竟。書中的〈米多詩篇〉（*Mito Poem*）敘述了馬雅宇宙起源和宇宙如何被創造。這本古老的書是由馬雅大師們所傳下來的，其中包含了宇宙天文學、歷史、傳說和習俗。《波波‧烏》書中敘述了創造的開始：

> 「這是一個故事，述說了原初之時，一切皆停止，一切皆平靜、沉默，一切都靜止，只有空蕩蕩的無際天空。這是第一次接觸、第一次對話。那時還沒有人或動物、鳥、魚、螃蟹、樹木、岩石、洞穴、峽谷、草或森林，唯獨天空存在著……」

　　宇宙創造時是處於停止狀態，它就在那裡，但尚未顯現出來。馬雅人用種子或眼睛代表它，在馬雅語則以零

（Zero）或莢（HUB）來表示。如同生命的種子，準備開始宇宙的創造……

「大地的面貌尚未顯現出來，只有平靜的大海與無際的天空。」

「無一物聚在一起，無一物發出聲音，天空中也沒有任何東西在移動、晃動或發出聲音。」

馬雅人留下這個很特別「零」的符號中，我們發現了創造的種子，一個黑點代表種子在母親的子宮孕育成長。

生命的造物者和塑造者

誰創造了宇宙中的生命？

我們從《波波‧烏》故事的字裡行間中，找到了絕妙的答案：

> 「空無一物存在，只有靜止的水、平靜的海洋，孤獨和寧靜。尚無任何實體存在。黑夜中，只有靜止與寂靜。唯有造物者、祖先特佩烏－古庫馬茲（Tepeu-Gukumatz）隱藏於綠色和藍色的羽毛下，祂們因此被稱為古庫馬茲（Gukumatz）。祂們是深具智慧、天生的偉大智者。就這樣，天空與天空之心便以『神』之名而存在了。」

特佩烏－古庫馬茲代表了神之眷侶、母親和父親、雌雄同體的造物者、陽與陰、日與月、正與負、光與影。據說祂們隱藏在綠色和藍色的羽毛下。綠色羽毛象徵著孕育萬物的大自然、永恆的女性；而藍色羽毛象徵著天父、莊嚴神聖的男性、天空。當此二者合體，創造了和諧，祂們是神之眷侶，使宇宙中的生命化為可能。

創造

「IK」在馬雅語中是一個神聖的名稱，它是呼吸、文字、風、聖靈。在秋瑪葉爾（Chumayel）的馬雅古書《契倫巴倫》（*Chilam Balam*）中，有一小段是這麼寫的：

> 「千年未發生之事，可以在瞬間發生，只要天神呼吸和改變風向就夠了。」

這段話說明了神能使創造成真，而且以生命層面成形。《波波‧烏》透過以下方式引用此事實：

> 「接著，消息傳來，特佩烏與古庫馬茲在暗夜中聚在一起，特佩烏與古庫馬茲在一起交談，然後祂們彼此討論、諮詢並進入冥想。將祂們的言詞和想法結合在一起，最後達成了共識。」

這一段話隱含了一個很棒的教導，我們可以應用在生活中。首先，眾神進行溝通，彼此交談，達成共識；然後在深沉的冥想中，祂們將各自的想法結合起來，使他們的想法得

以付諸實現。

《波波‧烏》繼續講述：

「然後，祂們在冥想時，共識的想法清晰呈現，當黎明來臨時，人類就會出現。接著，祂們開始創造，樹木與蘆葦生長出來了、生命誕生了，也創造出人類。」

在宇宙最深處是我們母親的子宮，那裡的空間是黑暗的，只有黑暗和黑夜，而那裡一直是生命孕育誕生之地。創造就在那裡進行，就像孩子在母親子宮內，在黑暗中待滿九個月而誕生。

黑夜中「天空之心」——呼納庫（HURAKAN），也被創造出來。

「天空之心」代表著創造的三種力量：父親、母親與孩子，陽性、陰性與中性，肯定、否定和中立。此三大力量構成了天空之心，即創造萬物的力量。

接下來，《波波‧烏》告訴我們：

「然後，特佩烏與古庫馬茲一起出現，祂們互相討論有關生命的問題，和確定如何才能使黎明來臨時就有光，因為光是製造呼吸和維持生命的來源。我們就這麼

做吧！將水退出，騰出空間吧！將土地升起並建立起
來！讓天空照亮吧，讓黎明降臨到天空與大地吧！直到
有人類，直到人們被塑造出來，這就是祂們所說的。」

宇宙—創世

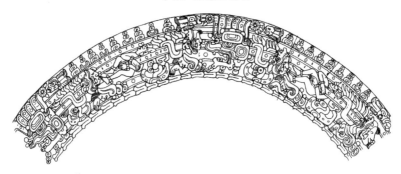

• THE UNIVERSE •

~ THE CREATION ~

" THIS IS THE ACCOUNT OF HOW ALL WAS IN SUSPENSE...
ALL CALM, IN SILENCE, ALL MOTIONLESS, STILL, AND
THE EXPANSE OF THE SKY WAS EMPTY...
THIS IS THE FIRST ACCOUNT, THE FIRST NARRATIVE "
FROM MAYA BOOK : POPOL-VUH.

這是敘述所有一切都是停止。平靜，在沉默中，靜止不動，
廣闊的天空是空的。這是第一個紀錄，第一個敘述。

天空之心

天空之心代表了創造的三大力量，父親、母親與孩子，這三大力量創造出生命的結構，第一個生命就誕生了。

在《波波・烏》中，將天空之心作了如下描述：

> 「祂們互相討論達成共識，生命於是就此形成，接著開始創造所有生物的家。黑暗中，直到『天空之心』呈現，一切就完成了，名為HURAKAN或『單步旋風』。第一個出現的是來自KAKUL-HA，第二個出現的是來自最小的一道閃電CHIPI-KAKUL-HA，第三個出現的是來自綠色閃電RAXA-KAKUL-HA，透過它們，天空之心與特佩烏－古庫馬茲進行溝通。」

這三種力量，或說是重要的本質，也是火、水與空氣，這些本質是形成大自然的要素，同時也對應生命的三大力量：

- 正面力量
- 負面力量
- 中性力量

造物者特佩烏－古庫馬茲是生命之父親與母親。祂們創造了天空、大地、樹木、高山與河流、湖泊與池塘，但仍缺少非常重要的東西：就是將要居住在這些地方的生物，接著：

「祂們討論創造鹿、鳥、獅子和老虎，說牠們應該成為山的守護者，而山上的巨蛇、小蛇和小動物們會照顧藤蔓和蘆葦。造物者自問：『這些小動物會不會就只待在樹枝和蘆葦下面？會一直在那裡嗎？讓牠們當守護者，這樣好嗎？』然後，鹿和鳥都被創造出來，並且將牠們都分配在其棲息處。」

造物者說到：

「鹿呀，你要住在水邊、睡在峽谷中的麥稈上。你將生活在田野的草地上，你將在森林裡繁衍生息，你要用四隻腳行走，並用四隻蹄站立。」

那是當祂們將棲息處賜予鹿時，對鹿所說的話。
對大小鳥兒們則說：

「你要在樹上築巢，那裡是你的棲息處，你要在那裡繁衍後代。當你被雨淋濕時，就到樹木的樹枝和藤蔓上，把自己甩乾吧。」

就這樣，所有的動物都歸到了牠們的洞穴、巢穴，找到了屬於牠們自己的棲息處。造物者將整個大地賜給了牠們，使牠們得以成長。當造物者安置妥陸上動物與空中飛鳥，這項工作便完成了。

牠們對獅子、老虎和蛇說：

「你們各自都要按照自己的物種說話。」

「說出我們的名字，頌揚我們。你們要說，我們是創造你們的父母。我們是HURAKAN、CHIPI-KAKULHA、RAXA-KAKULHA、U KUX KAH、U KUX ULEU，你的造物者。」

「說吧，向我們祈求，向我們問候。」這就是造物者對牠們說的話。

一位馬雅智者長老的故事

《波波‧烏》聖書中提到「覺醒者的重返」。這些人中，其中一位是伊西德羅（Don Isidro），他是瓜地馬拉東北部凱克希（Kekchí）馬雅大家族的繼承人。他多年來一直遵循馬雅的傳說和習俗，他發自內心的睿智，讓我們聆聽他最重要的一個故事：

「造物者BITOL和TZAKOL創造了我們的先祖。我不能確切地說出這是什麼時候創造的，就我們確實所知的，那是一場巨大的天災。世界變得寒冷，地表充滿泥濘和煙霧，這是因為太陽光的強度不足。這是一種懲罰，因為上一批人們忘記了偉大父親『天空之心』，即是偉大的呼納庫。在此之前，長老們傳承了知識，傳說從那裡發展而來。在那裡，他們決定建造四個TULAS，加上中心的TULAS（註：根據馬雅聖書《波波‧烏》所敘述，馬雅人來自Tula或Tulan，那是其神聖起源地的名稱，同時也是宇宙能量的象徵。他們說共有五個Tulas，基於對這神聖名稱的尊敬，馬雅人就把四個方位「東西南北」和中心點以Tulas命名。所以Tula是馬雅人起源的宇宙名稱），形成了五個

經典的儀式中心，這就是我祖父母的傳說了。」

在這個故事中最重要的一點是，當人們忘記榮耀時，大災難便會發生。人類忘記崇敬他的造物者「天空之心」與「大地之心」，這些實例給了全人類重要的教訓。我們在日復一日中，已忘了感恩，忘記榮耀宇宙造物者之名。對這些事實，在空間和時間的認知，不僅描述了一萬或一萬五千年前所發生的事情，而且是一個我們引為殷鑑的事實。人類現在所發生的事情，是我們相信物質層面多於精神層面，我們只在乎生活中的俗務，而不關心意識的揚升。伊西德羅的話提醒了我們，仍有時間將我們的目光、注意力和意識轉向神，現在是大家作出重大決定的時候了。

馬雅人的宇宙觀分三界（以生命之樹代表）

一、天空（樹枝）：代表無限、宇宙最高的天體（KAAN）。

二、地面（樹幹）：代表我們居住的地球（KAB）。

三、地底（樹根）：代表地底的世界（XIBALBA）。

馬雅人的世界，「3」是非常神聖的數字，除了代表我們所在的第三次元外，還有其他的意義：

- 身、心、靈
- 父、母、子
- 質子、中子、電子
- 氧、氮、碳
- 陽性、陰性、中性

另外有趣的是，「3」也代表「創造」的意思，如果它以神聖幾何的形式呈現，最具體的非金字塔莫屬了。所有的古文明如馬雅、印加、埃及都發現金字塔，皆與此有關。

~THE COSMOS·LAYERS~

地底世界

　　馬雅人所創造的地底的世界有九層，九位神靈守護，馬雅名為：

　　"BOLON-TI-KU"意思是「九位神一體」。

　　我們所居住的地表，也有四位巨人守護宇宙的四個方位，馬雅名為"BAKABOOB"，意思是「包圍和圈起地球的人」，我們的天空就是由他們四人用手撐住的，同時他們的雙腳也牢牢扎根在地球上。

　　馬雅聖書《波波・烏》中，提到這些守護神：

　　　「他們不是普通人……他們是巨人……」

~ SURFACE ~
· KAB ·

地面

　　馬雅人在舉行儀式時，一定會召喚四個方位的守護神，祈請祂們允許參加的人能和聖靈之光連結，最終完成舉行這個儀式的目的。

　　為什麼是「4」呢？坎（KAN）在馬雅語意義是4。坎（KAN）也代表蛇。祂以愛和神聖的意識體現智慧，成為「光之蛇」——庫庫坎，金色羽毛的蛇。

　　蛇在馬雅文化中是很重要的象徵。蛇代表太陽、宇宙的智慧與光，馬雅人敘述蛇的具體形狀，就是帶著羽毛的蛇，祂的名字就是庫庫坎。我們可以下列的方式來解釋何謂羽蛇：

- 沒有羽毛的蛇，代表地球的神聖知識。
- 有羽毛的蛇，代表神聖的知識，但和宇宙的神靈相連結。

　　透過這樣的連結，馬雅人連結上神靈的智慧，結合身與心成為一個完整的個體。這就是光之蛇——庫庫坎所象徵的重要意義。

　　往上到天空層次——它代表無限，馬雅語：KAAN，馬雅人的祖父母理解的無限並不是天空而是KAAN，這個字的真正意義是「沒有盡頭」。天空共有十三個層次，稱為"OX-LAHUN-TI-KU"，既是「十三位神靈一體」，這些神靈是我們生命所需能量的供應者。在馬雅文化中，13是非

~SKY~
·KAAN·

天空

常重要的數字，它象徵「靈魂的不朽」，13不但是幸運的數字，也代表誕生、重生、轉世、不朽的存有。馬雅人深深相信，天空存在十三個次元或十三層意識，所以在創造馬雅曆以測量時間，以及研究天空行星運行時，將這個概念融入了馬雅曆中。

這一切讓我們可以再次確認數字13和馬雅宇宙十三個層次是相連的，代表父親「天空之心」—— YOKOL-KAAN，與母親「地球之心」—— YOKOL-KAAB是相連一體。這就是為什麼馬雅人教導我們，要記住我們是天空和地球的兒女，我們的頭和天空相連，腳和大地母親相連，因此馬雅人又說：「我們是大地母親的孩子」，神聖的母親供給了我們生存所需要的一切，她就是母親伊雪兒（IX'CHEEL）、祖母伊雪穆卡內（IX'MUKANE），我們珍貴地球之心，我們的母親，我們的祖母。

第二部

時間的誕生

當宇宙誕生時，時間就誕生了。
時間來自永恆，然而時間卻不存在永恆裡，
那地方是我們所居住宇宙的源頭。

羽蛇神——庫庫坎

K'uKuulKaan, Jaguar Annex, Chichen Itza

羽蛇神庫庫坎，奇琴伊察

羽蛇神庫庫坎金字塔，奇琴伊察

在馬雅大師的教導中，我們發現了代表時間的神聖符號……羽蛇神庫庫坎。時間就好像蛇在移動時產生特有的螺旋形狀，而每一次移動，同一個圓圈似乎就會高一點，就像音樂的八度音階，頻率愈來愈高。無論是時間或事件，所發生的一切都會一直重複，但是每一次更高、更深。

> 「時間是深深存在我們生命裡的意識，時間雖然經過，但它不會消失……如果心能夠存在於永恆之中，那麼我們就是永恆的，我們就是時間，我們就是無窮無盡的空間……」
>
> ——馬雅大師納祖爾（Nazul-Ayal-Keh）

宇宙的跳動產生了時間，它以同心圓的形式運行，有如宇宙中的蛇一樣。馬雅大師擁有令人驚奇的能力，能夠用有形的方式捕捉時間：例如在星星上、在象形文字上、在五顏六色的陶瓷上、在手抄本和聖書上、在神殿與金字塔中。這就是為什麼每件作品都是神聖的，因為每件作品都包含曾發生過事件的故事，這些事件提醒我們時間是無止境的，而歷

史就在那裡⋯⋯提醒我們要覺醒（思想與心靈），去找回遺失的智慧，而這些智慧被記錄在石頭製成的書上，在馬雅的宇宙大學裡。

「蛇移動，一個循環結束，賜予了一條新蛇的誕生。」

——納祖爾

創世石碑「C」

石碑是依照了年月順序和數字記錄所發生的一切，馬雅人將曆法與神聖符號雕刻在石頭上，以幫助我們了解馬雅曆中的時空大循環。位於瓜地馬拉基里瓜（Quirigua）的創世碑「C」，係根據五二〇〇年的大循環，使用石頭雕刻而成，稱為巴克頓（Baktun）。我們經過了這個大循環的第十三個巴克頓，它已經結束於二〇一二年十二月二十一日，而我們現在正活在馬雅人預見的新時代。

在「創世碑」中，我們發現了一個非常有趣的敘事：

「在基里瓜

第十三個巴克頓的 4 Ahau–8 Kum-Ku（註：馬雅曆開始的時間），

放置了三塊石頭。

這三塊石頭之處，地球究竟發生了什麼事？

這一切發生在五度空間。」

上面提到的日期是 4 Ahau–8 Kum-Ku，發生在我們的曆法上，即公元前三一一三年八月十二日。放置的三

塊石頭象徵著天空之心（CHIPI-KAKUL、HA-RAXA、NANAHAUK）三股創造的力量：父親、母親與孩子，若沒了它們，就無法進行任何創造。

　　基里瓜是「馬雅大師們乘著珍貴的光之繭，從天而降的地方」。這三塊石頭被放置在因果次元（因果世界）中，以便顯化在地球的實相中。

　　天空之心（石頭1）與大地之心（石頭2）相結合，再和心之心合一（石頭3），創造就發生了。天空之心是父親、大地之心是母親、心之心是兒子古庫馬茲，它是創造一切的正面力量、負面力量與中性力量。

瓜地馬拉的基里瓜石柱「C」

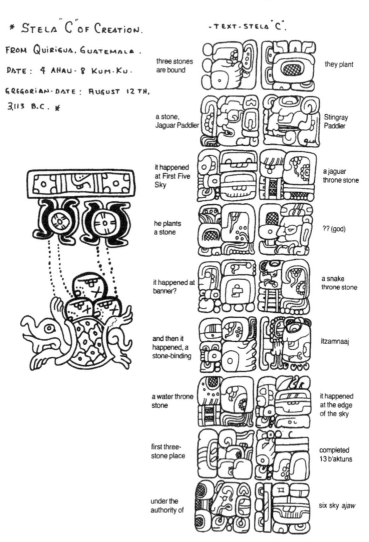

* STELA "C" OF CREATION.

FROM QUIRIGUA, GUATEMALA.

DATE: 4 AHAU - 8 KUM-KU.

GREGORIAN-DATE: AUGUST 12 TH,

3,113 B.C. *

- TEXT - STELA "C".

three stones are bound / they plant

a stone, Jaguar Paddler / Stingray Paddler

it happened at First Five Sky / a jaguar throne stone

he plants a stone / ?? (god)

it happened at banner? / a snake throne stone

and then it happened, a stone-binding / Itzamnaaj

a water throne stone / it happened at the edge of the sky

first three-stone place / completed 13 b'aktuns

under the authority of / six sky ajaw

上刻的日期是 4 Ahau–8 Kum-Ku

即公元前三一一三年八月十二日

　　在名為特洛卡迪手抄本（Tro-Cortesian Codex）或馬德里手抄本（Madrid Codex）中，有一幅非常特別的圖畫，在基里瓜石碑「C」上以象形文字呈現出來。一隻烏龜的腹部有三塊石頭，上面刻著字符Kauak，意謂著重生、生命、兩次誕生。這三種奇妙創造力量，在不斷變化、運行和誕生。

圖騰中的三塊石頭，在天文上也與獵戶座腰帶的恆星有關：

一、獵戶ζ（Alnitak）

二、獵戶ε（Alnilam）

三、獵戶δ（Mintaka）

獵戶座在馬雅語中被翻譯為 "AK-EK"、「海龜之星」或「海龜星座」。海龜是馬雅人的神獸，因為牠代表了大地母親、生命、孕育、誕生，而其龜殼象徵著大地母親的地表。

宇宙的時間起源

「當宇宙誕生時，時間就誕生了。時間來自永恆，然而時間卻不存在永恆裡，那地方是我們所居住宇宙的源頭。」

——馬雅大師納祖爾

著有許多心靈書籍的作者韋爾（Samael Aun Weor）博士評論道，根據古老的Nawa-Toltec故事，將宇宙作為時間的起源是：

「奧梅約坎（OMEYOCAN）（註：是阿茲特克神話中最高的十三個天堂，是Ometeotl〔由Ometecuhtli和Omecihuatl組成的雙重神〕的居住地）是宇宙的肚臍，在那裡，無限大之物在無限小之物中爆開，形成一個相互呼應的旋風，產生劇烈的振動並脈衝。奧梅約坎就是這個世界子宮的母神。這就是為什麼他們說TEZCATLIPOCA（註：阿茲特克神話中最重要的神祇之一，統轄阿茲特克傳說的第一太陽。祂是至上的神靈力、人類命運的操弄者。祂和中美洲其他神祇不一樣，不代表任何一種自然力，也不是某個部落的守護神。祂代表

世間的無常，是「眼前、當下之主」，並像「夜晚之風」一樣無所不在、捉摸不定）突然迸裂成為光線，母親像蓮花一樣膨脹開來，接著這個宇宙便誕生了。」

這一切都源於我們宇宙的造物者父和母，一切都源於這顆肚臍的誕生，在馬雅語中肚臍稱為 "TUCH"。"U TUUCH LUUM" 是宇宙之臍、大地之臍，對於馬雅人而言是時空的子宮。

馬雅曆的偉大學者拜茲（Don José Mucía Baez）告訴我們：

「阿浩（AHAU）是時間與空間的開始，就像其他未知次元的開始一樣⋯⋯一切都始於開始⋯⋯產生一切並創造一切的開始。一切都是從最初的能量開始的⋯⋯生命在能量中開始的⋯⋯生命的開始就是能量。生命的開始是父母⋯⋯生命的開始是種子⋯⋯生命的開始是花⋯⋯生命的開始是阿浩（AHAU）。」

太陽神，造物者父親，阿浩（AHAU）本身就涵蓋了時間的開始。萬物共存在這一點上⋯⋯這是一個延伸點，但之後仍然回到原點。母親突然迸裂成為光，時間就顯露出

來了⋯⋯

「時間是什麼？」人們問大師納祖爾。

他說：「時間是繞著神的手臂運行的偉大旅程。」

他接著說：「時間就像一條曲線，它像螺旋或圓圈一樣捲繞⋯⋯神的奧祕隱藏於時間之中⋯⋯天空之心與大地之心的奧祕。」

古馬雅曆的「日」是如何誕生的？

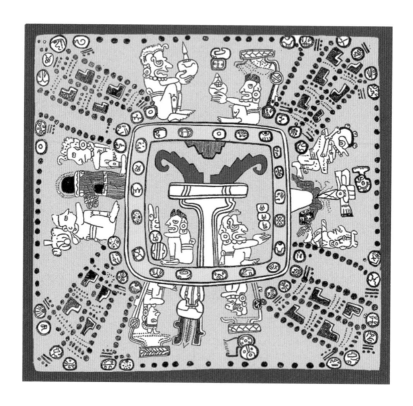

馬雅古手抄本的馬雅日圖騰

　　很多古老的故事一代代傳下來，其中的時間或空間皆無法考據，然而它們卻能深深的撼動人心。秋瑪葉爾的馬雅古書《契倫巴倫》就有此特點，它把我們帶回到馬雅哲學思想的層面，並用自己的語言詮釋了馬雅的「日」是如何誕生的。

　　古代智者麥司克斯（Mexchise，他下巴和嘴上皆蓄著鬍髭）──他是第一位 Napuc-Tun 先知，也是第一位太陽先知──對此作了如下解說：

　　　　「在大地甦醒之前，烏納（Uinal）或稱作月分就在那
　　　　裡出生了。它誕生了，開始獨立行走。」

　　秋瑪葉爾的馬雅古書《契倫巴倫》所記載的文字。當我們要評論時帶著尊敬的心很重要。當馬雅人們提到智者麥司克斯時，就是代表馬雅祭司擁有偉大智慧與知識的意思，因為這就是鬍髭的含義。接著談到了 Napuc-Tun（寶石）作為一位太陽祭司，這表示他的預言知識就像一塊「寶石」，從寶石中獲得了神聖的知識。

　　月分與時間就在被揀選的馬雅土地（Mayab）上具體形成了，大地尚未甦醒，大師與眾神們將「力量」和「能量」賜予了時間，因此時間便可以行走、移動和開始循環。

他繼續說道：

　　他的外婆、阿姨、姑姑、祖母和妯娌們說：「他們不是要我們看見路上的人嗎？」

　　她們邊走邊說。但是那時人類還不存在，她們到了東方，開口說：「有人從這裡走來嗎？我找到了他的腳印。」

　　「神說：量他腳的尺寸。大地女神對人們說：量你的腳的尺寸。」

時間的神聖起源，日子的誕生，是我們母親、祖母和神聖父親話語的表徵或力量的一部分。它們是時間和可測量的一切萬物包括時空，宇宙的起源是在運行和測量中發現的。

　　他繼續說：

　　這就是XOK-LAU-KAB、OK-LAE「用腳來測量整個地球，十二隻腳」這句話的由來。這個說法是因為OXLAHUN-OK（有十三隻腳的那個人），和他的腳配對而來的。

　　他們從東方離開（所有馬雅儀式和祭典都從太陽升起的東方開始）。他們稱：金（KIN）或「一天」，那時

名稱尚未出現。他和他的外婆、姑姑、祖母和妯娌們同行。

直到烏納（Uinal）或稱作「一月」誕生後，他創造了所謂的金或稱作「一天」，他創造了天空和大地，並且按比例分別安排了水、大地、岩石與樹木，他創造了海洋裡與大地上的萬物，接著……

第一天，全恩（CHUEN），他使用了自己身上的神力，創造了天空和大地……

第二天，耶柏（EB），他走上第一層樓梯，把他的神力帶到天空中、水中，那裡既沒有土，也沒有石頭，更沒有樹木……

第三天，貝恩（BEN），他創造了萬物、豐富的萬物、天空的萬物、海洋的萬物，以及地球的萬物……

第四天，伊旭（IX'），發生了天空和大地朝向彼此彎曲……

第五天，妹恩（MEN），一切都開始工作了……

第六天，克伊伯（KIB'），第一支蠟燭點燃了，有了光，那裡以前並沒有太陽和月亮……

第七天，卡班（KABAN），第一次開始有了大地，在那之前我們什麼都沒有……

　　第八天，埃茲納（EDZNAH），他將手腳種在土地上並固定它們……

　　第九天，卡哇克（KA'UAK），他首次對地下世界進行了測試……

　　第十天，阿浩（AHAU），壞人到了地下世界，因為那時神尚未被看見……

　　第十一天，伊米旭（IMIX'），他製造了石頭與樹木，他以這種方式在太陽裡複製它們……

　　第十二天，伊克（IK'），風誕生了，這就是所謂的Ïk（靈魂），因為在他裡面沒有死亡……

　　第十三天，阿克巴（AKBAL），他取水潤濕了大地，塑造了人類的身體……

　　在次月的第一天，坎（KAN），他的靈魂第一次爆發憤怒，源自他所製造的邪惡……

　　第二天，奇克洽安（CHICKCHAN），邪惡出現了，在人們的眼中可看見……

　　第三天，克依迷爾（KIMIL），第一次發生死亡，主神創造了第一位死亡。

　　第四天，馬尼克（MANIK'），是金或天，是「聖靈經過」的日子

第五天，拉馬特（LAMAT），他創造了大峽谷，可引雨水之海、大湖……

第六天，姆路克（MULUK），在世界尚未甦醒的時候，山谷充滿了泥土。同時，神的話被偽造，無處不在，天空的話語還不存在，也沒有石頭、樹。

然後，這些金，或是天，一個接一個地互相測試對方。

他們說：「十三人一組，另一組七人。」

他們這麼說是要在第一位神——太陽神問他們來歷的時候，讓那些沒有聲音的人發出聲音。他們的聲音尚未被打開，因此彼此之間無法交談。然後他們走到天空的中央，牽著彼此的手與其他人一起。在大地中央說：

「打開！」然後4 AH-TOK（光之守護者，四個主要方向的光之守護者）打開了。

烏納（Uinal），或稱作月分，與他們一起誕生了，碰巧大地甦醒了，大地與天空、樹木與石頭彼此溝通……

「一切都是因神的話語而誕生的，那裡既無天空亦無大地，祂的神性就在那裡，祂創造了祂所想像的宇宙……而他的神性，巨大的力量和威嚴震撼了天空。」

　　金或天的關係，應該依照他們所在的順序，從東方開始，一個一個地讀出來。

　　馬雅光之大師們給了我們明智的建議：

　　「從東方開始」，因為這是早晨太陽誕生的主要方位。象徵光明、智慧、愛、神聖的知識、歡愉、歌聲、儀式、神聖。

第一天誕生的傳說

Itzamna – Dew of the Sky – Jaguar Annex at
Chichen Itza, Yucatan

伊札納（Itzamna'：天空的露珠之意），位於奇琴伊察的美洲豹建築

　　曾經有個傳說：很久以前有位來自很遙遠的大陸（目前已沉沒在深海中）名叫伊札納（Itzamná）的大師，他的名字意義是「天堂的露珠」，他在那場沉沒的大災難前，帶著一批被揀選的人來到了此地。當他抵達時祝福了此地並命名為"MAYAB"。MA是「少數」，YAB指「土地」，MAYAB就是「被揀選的土地」。

　　古老的口述傳說，現今變成文字告訴了我們幾百年前馬雅時代的歷史。作家兼教授羅培茲（Nidia Gongora Lopez）講述了一個故事，揭示了偉大馬雅大師伊札納的精髓以及馬雅月第一天圖騰的誕生：

　　「船隊形成一個完美的角度，朝著未知的方向駛去，反射在水面上的海灘全景與叢林的綠色，離岸邊漸行漸遠。

　　在第一艘駛離的船上，年輕的祭司伊札納站在船上，注視著天空，寬廣的地平線在他面前散開，神祕而遙遠。大海環繞著那座巨大的島嶼，他所居住的陸地：美麗、遼闊，還有令人驚奇大自然的恩賜，有一天會再次回來嗎？他再次凝眸……

　　突然，他的憂慮與心情被大海的雷聲打斷了，從海底傳來閃電與雷聲，天空與大地在他周圍到處散開。在他

眼前，一個美麗的地方正漸漸消失，在澎湃的海水中搖搖晃晃。

此刻預言即將成真。他曾經所在的美麗土地是一場自然災難的犧牲者。在很久以前的年表上已有這樣的預言：他們早就知道，一個城市，有白色與灰色大理石所建造的神廟與建築，在不確定未來的某年某日預言將會成真，這場災難將一口氣吞沒這片他們深愛的陸地。

伊札納因而被揀選去尋找另一個可以安居的世界，在那裡生命可以再次出現。另一個空間將取代這個正在消失的世界，大海將其吞沒，這一直是一個事實。它被寫在手稿中，是我們歷史的一部分。」

大師們對他說了以下幾句話：

「伊札納，你年輕、聰明、有學問，被選中來完成這項任務，要保存我們的歷史。你將在另一個地方、另一個空間開始寫下另一個歷史，就如同你在另一個次元一樣。

你必須是指引者、祭司、父親、法官、兄弟，神的工具，這是我們安排的方式。

你將是所有信任你的人的一切，儘快離開，帶著我們

的聖典、帶上十艘船。傳播我們的故事，創造一個新的故事，我們的預言必在你手中應驗。向前航行，朝向遙遠的西方是必經的路線，眾神與你同在。」

有一天的黎明時分，他們看到一條白色的沙灘，就像他們離開的那條一樣。消失的那個沙灘、被水吞沒的那個沙灘。他們跪下來，用歡愉的聲音為眼前的奇蹟唱歌，為那些指引旅程結束的眾神而歌唱。黎明似乎更加光亮，就像白色……他們離這片新海灘更近了，綠色的背景在新黎明的陽光下閃閃發光。他們緩緩下船，親吻著大地，這天一早溫暖的光線和清新的微風，正迎接著他們的到來……

伊札納宣布將這一天命名為"HUN-IMIX"，紀念伊札納從東方來到這裡。這就是為什麼馬雅曆法中的天是從伊米旭（IMIX'）開始的……這是馬雅月第一天名字的誕生，以紀念伊札納來到馬雅人的土地"MAYAB"。

伊米旭（IMIX'）這天的奇妙意義，與我們大地母親的智慧與滋養有關。她是種子、她是K'AN（黃玉米的種子）、她是母親的象徵，她的乳房滋養著全人類與萬物。她是生命的源泉、她是雨水的靈魂，以運行於天空的蛇為代表，把水灑向大自然的一切。伊米旭（IMIX'）是生命、基

礎、牛奶（滋養我們的智慧）的象徵，源於母親，永恆的女性，豐饒、自然、世代與生育的源頭。

　　伊米旭是生命之水，我們的血液，我們所創造的能量、眼淚、汗水，以及自然界中的海洋、河流、湖泊、瀑布、流水。它也是來自天上的水、來自大地子宮的水、來自瀑布之水的呼吸，在這裡你可以聽到祖靈的聲音。

　　我們紀念這個神聖的伊米旭日，謹記那一天，這是大師伊札納以腳踏上馬雅聖地的日子。

二十個古馬雅曆「日」的聖靈訊息

「藉由聖靈的力量

真正的智慧得以匯集在一起

飲一杯神性的泉源

用靈魂的超凡能力學習」

——馬雅祭司納祖爾

　　對著刻在石碑上的馬雅圖騰，或馬雅天文學祭司所寫在彩色陶瓷和手抄本的馬雅圖騰，進行淨心冥想，你就可以直接學習馬雅曆法二十日的神聖知識。

　　很多時候，在寂靜中、在深度淨心冥想中，當我們在和神靈溝通時，我們收到的訊息並非來自任何書寫來源，而是來自馬雅意識。因此，我們應該始終敞開心扉，傾聽和感知我們導師想要傳達的信息。

　　古馬雅曆法中的祖父（NAHWALES）或天的圖騰皆有聲音，他們對我說：

　　阿克巴（AKBAL）：「我是長老阿克巴（AKBAL），我正在你的心裡找尋純淨和意圖。」

　　伊克（IK'）：「我是祖父伊克（IK'），即是你內在的呼

吸，用你的意識感覺我的存在！」

全恩（CHUEN）：「我是全恩（CHUEN），是你靈性上轉化的內在神性。」

妹恩（MEN）：「我是祖父——妹恩（MEN），我顯化了天空和大地。」

卡哇克（KA'UAK）：「靈性的本質卡哇克（KA'UAK），再次重生，直到我的存在變得完美。」

坎（KAN）：「我是愛與智慧的蛇，我在這裡照耀著你，我全然信任！」

拉馬特（LAMAT）：「我是神聖男神女神合一的本質，連結人類的重要橋梁！」

卡班（KABAN）：「我是你的母親，地球之心，是賦予你生命的存有，我愛你，我的兒子，我的女兒。」

阿浩（AHAU）：「向阿浩（AHAU）祈禱，信任他永遠深深地活在你的心中，一切都會順利……」

克伊伯（KIB'）：「我是神之光——克伊伯（KIB'），我就是本我，從你的心呼喚我，我就會臨在。」

伊米旭（IMIX'）：「輕柔又溫和，我滋養著你，我是你的母親伊米旭（IMIX'），我愛你，享受我無止境的甜蜜。」

奇克洽安（CHICKCHAN）：「金色的蛇展現給你看到人生經歷中所隱藏的寶石珍珠……這是你的寶藏。」

姆路克（MULUK）：「你是圍繞在人類生命和靈性上不可思議的女性能量。」

貝恩（BEN）：「真正平衡的生活！我是貝恩（BEN），歸於中心與平靜，和諧你的道路。」

耶柏（EB）：「朝向創造主往上爬，在金字塔的頂端，我將與你相遇。我就是金字塔。」

克依迷爾（KIMIL）：「神祕的死亡，克依迷爾（KIMIL）是生命、人類的巨大轉變……就是光。」

馬尼克（MANIK'）：「傾聽我，我是馬尼克（MANIK'），是神在你心中的氣息。不要忘了，風是神的低語。」

歐克（OK'）：「我是腳印，是照亮你生命的腳印……一步一步慢慢走。」

伊旭（IX'）：「母親的子宮，生命的起源讓神聖的豹伊旭（IX'）和宇宙的奧祕擦亮你的靈。」

埃茲納（EDZNAH）：「神聖的振動頻率——埃茲納（EDZNAH），唱頌咒音，發自內心的祈禱，我相信……我相信……我相信。」

第三部

解密古馬雅曆

馬雅日的每一日都構築出天空之心和大地之心的一部分。

因此,它們是神聖的符號,

在其最深層的本質上也包含了創造自己本身。

古馬雅曆的神聖起源

「每一個月亮⋯⋯

每一年⋯⋯

每一天⋯⋯

每一陣風⋯⋯

還有行走和穿過，

猶如所有的血液⋯⋯

去到了它該停止的地方。」

——馬雅古書《契倫巴倫》

天空中的恆星、太陽、月亮、行星的異常移動和空中的星星群與彗星，這些都是天象奇觀，它激發了每一代馬雅大師們相繼觀察並研究那隨著時間變化的宇宙，這就是馬雅曆如此簡單且精確的原因，就像星星在天空和宇宙中的運行。

* MAYA· ASTRONOMER, MAKING A CALENDAR-OBSERVATION WITH
SPECIAL OPTICAL-INSTRUMENTS. *

馬雅天文學家使用特別的儀器觀測天象製作曆法

~MAYA· ASTRONOMER iN tHE ATTITUDE
OF RESPECT AND INTROSPECTION tO
UNDERSTAND tHE DEEPLY· MEANiNG OF
tHE CALENDARS ~

馬雅的祭司帶著禮敬的心，進入內在省思，
　　了解馬雅曆法的奧妙深義。

馬雅的天文學者們

~THE MAYA·ASTRONOMERS~

● AN ASTRONOMICAL·CONGRESS iN COPAN, HONDURAS TO STUDY THE MAYA-CALENDARS。

馬雅的天文學者們聚在一起舉行會議研究馬雅曆
宏都拉斯的科班（COPAN）的石雕

二六〇天卓爾金月亮曆的起源

「他們觀察天空來測量時間……

繁星在他們的上方

他們觀望著繁星

星空中的眾神們

也凝視著他們……」

——馬雅古書《契倫巴倫》

　　卓爾金月亮曆是匯集宇宙起源的神聖曆法，它將哲學、心理學、神祕學和宗教結合在一起。藉由曆法可以解讀和了解每一天能量的本質，進而運用在生活中，無論是在物質面或靈性面。

　　它由十三天的循環所組成，這和馬雅人眼中的神聖動物「響尾蛇」的某些生理和哲學方面有關，它是智慧的象徵。響尾蛇的上顎有十三個鱗片，下顎有十三個鱗片，蛇成年後就會有十三個響環。另一個巧合是，馬雅領袖或祭司對部落的責任，最多只能為人民服務十三年，數字十三也與我們身體的十三個大關節有關。

　　數字二十與手指、腳趾有關。手上的十個指頭被認為是宇宙能量，而腳上的十個腳趾是大地能量。馬雅曆每二十天稱為祖父母或納瓦（Nawales），每一天都象徵不同的能量特質、靈性使命、性格、性情、顏色、神靈、天賦、職業。

從出生的日子可以預先了解一個人的潛力和習性，根據他們出生的圖騰，預測未來進入社會的指引參考。從我們受孕並進化成人類那一刻起，直到我們的生命終結為止，我們每一天都深深受它的力量影響。

　　二十個馬雅日的祖父母是「活生生的存有」、「宇宙的振動頻率」，激勵著我們的身體、情緒、心理和靈性的發展。它們每一個都與生命五大元素：地、水、風、火與乙太都有著非常密切的關係，因此會對我們的生活產生正面或負面的影響。

　　卓爾金月亮曆 $13 \times 20 = 260$，還與人類在九個滿月週期（相當於二六〇天）中的懷孕、滋養和出生過程有關，並且與神聖馬雅女神伊雪兒、光明之母、象徵出生、生育和生命有關。

　　時至今日，我們仍然聽到人們說「她生了孩子」（而在西班牙語中，字面意思是「她給了光」，意思是一個女人生了孩子）。這意謂著「出生的孩子就像太陽一樣，照亮了這個世界」，實現了它誕生的目的。

　　這曆法的主要目的之一，是使自己與大自然和無窮無盡的宇宙能和諧相處，回到我們個人和靈性的道路上，並以這種方式和我們的生活目標保持平衡與和諧。

三六五天哈伯太陽曆之起源

- THE HAAB • SUN'S CALENDAR = 365 DAYS.

- THE TZOLKIN • MOON'S CALENDAR = 260 DAYS.

「我們是玉米的臉，

玉米的意識……

我們是月亮祖母和太陽祖父的兒女……

我們是月亮祖母和太陽祖父的意識……

我們是大地母親的兒女。」

──口述的馬雅傳說

在馬雅語中，HAAB或AB的含義是「時間的度量與週期的結束」。哈伯曆由三六五天所構成，分別代表一年的四個季節，即地球相對於太陽的運行，春／秋分、夏／冬至和太陽頂點以及宇宙的四個方位，這是象徵運行中的馬雅十字。

它由十八個月、每月二十天，加上第十九個月只有五天所組成。我們將18×20＝360加上5，便等於一年中的三六五天。

這是一個天文和太陽的曆法，馬雅大師們用來計算我們星球上發生能量變化的日期。最重要的是，他們用它來觀察一年當中的四個季節和太陽天頂，以及預測會如何影響人類。每一次季節的變化都會影響人們精神上的能量，它對思想、情緒、感覺和身體健康都有影響。馬雅人深知這些影響，他們禁食、靜心，並祈禱為此做好準備，傾聽大師的智

慧，教導他們如何接引能量，儘可能保持和諧與平衡進行日常活動，以期達到最好的結果。

宇宙能量的影響是巨大的，這就是為什麼充滿智慧的海爾梅斯（Hermes Trismegistus）說：「如其在上，如其在下。」、「如其在內，如其在外。」

因此，了解宇宙能量和大地能量對地球的所有影響，尤其是對人類的影響非常重要，這樣才能以最佳方式為我們的身體、情緒、心理和心靈輸送能量。這就是為什麼馬雅人說我們是「振動的存有」。

我們是「和宇宙同在」的人，我們之所以更偏向於一種能量，而不是另一種能量，是因為這些能量能夠將自己調適得更好，為我們帶來更好的生活品質——無論是生理、心理或者精神之上。

在此曆法中，還包括太陽的運行。猶加敦半島的天頂（Zenith）是馬雅儀式中心舉行的非常特殊儀式的日子，其舉辦方式如下：

「最後一個月為期五天，稱為外耶柏（UAYEB）（發生於七月十日至十五日中），馬雅人此時專心冥想與禁食，目的是提高他們的精神和身體頻率，準備好接收陽光正面的影響。七月十六日中午，在猶加敦半島太陽到達了天頂，這是太陽在天空中的最高點。在這一刻，沒有任何物體或元素會

投射出陰影，無論是樹、塔、山、寺廟、金字塔、人類，在這瞬間，瀰漫著光明，一切都是光明，沒有二元性，也沒有任何東西會投下陰影……一切都是清晰與和諧……正當這一刻，馬雅人宣布馬雅新年開始，一切都變得如此美好。

> 「七月十六日是我們慶祝心靈重生和光明回歸的日子……人類與所有萬物構成了此美好時刻的一部分，此美好時刻照亮了我們的生活。」
>
> ——納祖爾

哈伯太陽曆以波波（POP）開始，波波（POP）這個詞的意思是：

- 棕櫚葉或草席
- 故事或敘述
- 時間或事件
- 活動或新年慶典

馬雅人的祖父母說：「坐在草席上是權威的象徵。」
在馬雅古書《契倫巴倫》寫道：

> 「他們布置了草席，這就是說他們布置了部落，因為

在馬雅人眼中，波波（POP）的意義不僅是草席，而且
還意謂著部落，居住於該地區的所有人聚在一起，草席
是統治者權威的象徵。」

神聖的哈伯太陽曆是由馬雅大師所設計，目的是讓人類
準備好正面引導地球和宇宙能量。特別是在季節變化期間，
透過太陽的晝夜平分點、太陽至點和太陽天頂來進行。

馬雅人以積極的方式，利用金字塔與馬雅神廟來接引這
些能量，庫庫坎金字塔就是最好的例子，該金字塔位於奇琴
伊察的儀式中心，被稱為「宇宙馬雅大學」。

每隔九十一天，這座非凡的金字塔都會在石頭結構上，
產生一種具有考古與天文意義的光影現象，透過光影的作
用，反映出大地上正在發生的事情。金字塔上的這些樓梯
中，每一個樓梯（共有四個）有九十一個台階，按以下方式
相乘：$91 \times 4 = 364$ 個台階或天數，再加上位於最頂部的庫
庫坎神廟，等於三六五天，就完成了哈伯太陽曆的週期。

在馬雅語中，坎（KAN）代表蛇，也代表數字4。它在
馬雅文化中有許多不同的表示形式，例如：

- 庫庫坎金字塔中四個角隅的基點。
- 地球相對於太陽的四次運行：春分、夏至、秋分、冬至。
- 生命的四個要素：地、水、火、風。

奇琴伊察羽蛇神庫庫坎金字塔

Cosmology of the Pyramid KuKuulKaan at Chichen Itza

Universal Solar Calendar

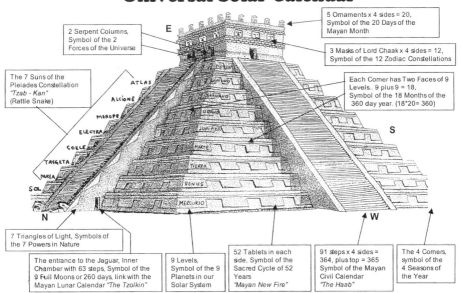

2 Serpent Columns, Symbol of the 2 Forces of the Universe

5 Ornaments x 4 sides = 20, Symbol of the 20 Days of the Mayan Month

3 Masks of Lord Chaak x 4 sides = 12, Symbol of the 12 Zodiac Constellations

The 7 Suns of the Pleiades Constellation "Tzab - Kan" (Rattle Snake)

Each Corner has Two Faces of 9 Levels. 9 plus 9 = 18, Symbol of the 18 Months of the 360 day year. (18*20= 360)

7 Triangles of Light, Symbols of the 7 Powers in Nature

The entrance to the Jaguar, Inner Chamber with 63 steps, Symbol of the 9 Full Moons or 260 days, link with the Mayan Lunar Calendar "The Tzolkin"

9 Levels, Symbol of the 9 Planets in our Solar System

52 Tablets in each side, Symbol of the Sacred Cycle of 52 Years "Mayan New Fire"

91 steps x 4 sides = 364, plus top = 365 Symbol of the Mayan Civil Calendar "The Haab"

The 4 Corners, symbol of the 4 Seasons of the Year

- 宇宙的四個方向：東、西、南、北。
- 人類的四個階段：童年、青年、中年、老年。
- 月亮的四個階段：新月、上弦月、滿月、下弦月。
- 文化的四大基礎：科學、藝術、哲學和宗教。
- 人類的四個階段或週期：金、銀、銅和鐵。
- 運行中的十字：春、夏、秋、冬。

　　羽蛇神庫庫坎金字塔，是第一個以實體呈現的宇宙哈伯太陽曆法。在這裡我們可從金字塔結構上所產生的光影，清楚看到太陽和地球一年中五次的天體運行轉換。

　　時間如下：

　　馬雅人認為這些光影的過程是庫庫坎——光之蛇降臨地球的時刻。隨著不同的季節和時間，它會在金字塔形成七個三角形的光影，然後再一個個消失。它不光只是外表的一個建築物而已，它也象徵我們內在的聖殿。

　　「我們就是聖殿。」
　　「我們就是金字塔。」

　　它代表我們內在的光之蛇能量，這能量可以喚醒我們沉睡的意識，把我們提升到更高的意識層次，達到如馬雅人一

樣的智慧。

　　春／秋分時，在羽蛇神金字塔的天體現象，從上而下慢慢呈現的七個三角光影，在靈性上對我們有何意義？

　　它們代表七種不同的力量：

第一個三角光影：

象徵：黎明、生命的開始、聖靈的光、與宇宙合一的探索、隱藏在心中的父親、連結想法與行動的過程。

啟動第一脈輪："HUN-KAN"。

第二個三角光影：

象徵：宇宙母親、大自然母親，宇宙的兩股能量——光明與黑暗、正面與負面、男性與女性、神聖母親伊雪兒和祖母伊雪穆卡內，聖靈格薩鳥，與想法、人、事情、和諧、平靜、語言、文字有關。

啟動第二脈輪："KA-IX"。

第三個三角光影：

象徵：父親、母親、兒子，大自然的積極創造氧、氮、碳，正面、負面、中立、和諧、藝術、美麗，伊札納、神聖母親伊雪兒、庫庫坎，代表我們就是金字塔。

啟動第三脈輪："OX-MULUK"。

第四個三角光影：

象徵：掌控大自然的四大元素、穩定、金字塔的四角、聖殿的十字基座、一年四季、科學、藝術、哲學、宗教、地球和太陽間的四個天體運行。

啟動第四脈輪（靈性脈輪）："KAN-AHAU"。

第五個三角光影：

象徵：宇宙的法則、正義、生命的五大元素、第五個太陽、五根手指、五種感官、五個大腦皮質細胞、說服、審查、選擇、理解和實做所學的知識。

啟動第五脈輪 "HO-EDZNAH"。

第六個三角光影：

象徵：生命重大決定，是或不是，這與猶豫不決有關，靈性與物質之間的戰爭、誘惑、戰勝負面、與光的承諾、為人類決定的時刻，語言可創造正面或負面。

啟動第六脈輪 "UAK-MEN"。

第七個三角光影：

象徵：在大自然和人類內在的組織、人體的七個脈輪、彩虹七個顏色、七個音符、人類的七種罪惡與美德、一週七天、七個主要的行星、七個人類的能量體。

啟動第七脈輪："UUK-KIB"。

長曆或13巴克頓（OXLAJUJ MAJQUIN）

~ LONG · ACCOUNT CALENDAR ~
(13 · BAKTUN)

· BAKTUN → -144,000 DAYS.

· KATUN → -7,200 DAYS.

· TUN → -360 DAYS.

· UINAL → -20 DAYS.

· KIN → -1 DAY.

~ PERIODS OF TIME MAYA - SYMBOLS ~

代表計算不同時間長短的馬雅圖騰

　　這個循環稱為「長曆」，週期跨了五二〇〇年，開始於：4 Ahau 8 Kum-Ku（創世之日。這是太陽神的日子）。

　　該日期寫成：13.0.0.0.0，其意義是：

- 13巴克頓（Baktun）
- 0卡頓（Katun）
- 0頓（Tun）
- 0烏納（Uinal）
- 0金（Kin）

　　這個日期對應到西曆的西元前三一一三年八月十二日，由馬雅大師所創造的時間與此曆法有關，主要度量為：

　　一、金（KIN）：是升起的太陽，每天都在東方誕生的光。太陽將重要的能量發散到整個地球上，然後消失於西方。就如同日常生活中出現的二元性，陰陽、正負、好壞，支配著我們的生命，星星的運行也是一樣道理。

　　二、馬雅人劃分太陽在每天的不同階段：

- Zas-Halkab：黎明
- Hatzkab-Kín：早晨
- Chunkín：中午
- Emelkín：日落
- Chunuk-Akab：午夜

名稱的精神含義：「光」。

三、烏納（Uinal）：是馬雅人二十日的月分，它與人類手上的十根手指和腳上的十根腳趾有關，也是宇宙與大地能量的象徵。數字二十是馬雅農民稱其為「Mekate」的度量，相當於二十平方公尺。名稱的精神含義：「人類」。

四、頓（Tun）：三六〇天的週期，請記住，地球的圓周是360度。頓（Tun）是「寶石」的一種象徵，馬雅人用它來述說宇宙起源一年三六〇天時間的故事。關於這段時間，秋瑪葉爾的馬雅古書《契倫巴倫》中有一個非常特別的文獻是這麼說的：「當出現了一位太陽的祭司AHKIN-XOBIL-TUN坐在花朵的聖杯，花朵的聖杯將有四瓣。當第十三位神OXLAHUN-TIKU出現時，『珍貴的寶石』XAKBIL TUN就在那裡。」名稱的精神含義：「寶石（光）活化中」。

五、卡頓（Katun）：是七二〇〇天的循環或二十年，在《契倫巴倫》中經常提到，我在這裡舉一個例子：

「在七個豐盛週期，卡頓就位，奇琴伊察的四個AHAU-KATUN，七個豐盛週期是大量灑水的所在地。在雨水下，他的臉被蒙住，他的雙眼閉上，玉米上滿滿是豐沛的陣雨。他的寶座和草蓆滿滿都是……鳥兒長滿全身羽毛，青鳥來了、雉雞到來、獏到來，奇琴將覆以貢品。」

　　六、巴克頓（Baktun）：是一四四○○○天的循環或四百年。北美考古學家莫利（Sylvanus G. Morley）說：長紀曆是一項令人欽佩的智慧結晶，因為它將時間化為線性的形式，獨立於季節循環。

　　名稱的精神含義：「活化寶石的力量」。請記住：「你就是寶石」。

曆輪與昴宿星座（TZAB-KAN）的週期

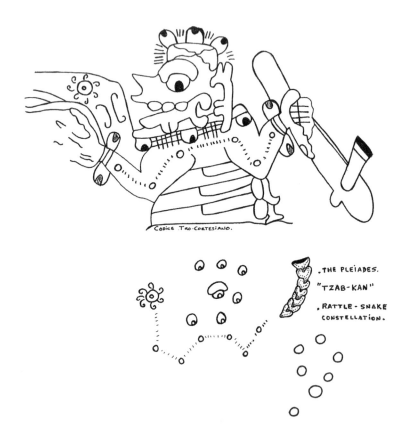

昴宿星座，有七個太陽，排列像響尾蛇捲起的尾巴，所以馬雅人稱它為響尾蛇星座。馬雅人認為自己是從昴宿星降到地球。

　　有一次，馬雅祭司米格爾在猶加敦州諾羅鎮的哈爾通哈（Haltún-Ha Quinta），和傳授他馬雅曆法的長老唐‧維森特，談到馬雅曆輪（calendar wheel），針對他所提出的問題長老回答如下：

Q：馬雅曆法中，一個月有幾天？
A：有二十天，分為四週，每週五天。

Q：三六五天的年和二六〇天的年中各有幾週？
A：三六五天的年，一年有七十三週，每週五天；而二六〇天的年，一年有五十二週，每週五天。

Q：三六五天年中，五十二年的週期共有幾天？
A：有一八九八〇天。

Q：三六五天年中，五十二年的週期是如何形成的？
A：它是由曆輪所形成的，是三六五天年的週期、二六〇天的週期以及滿月的總和。

Q：曆輪的數學系統是如何產生的？
A：根據我們所做的研究，它要從組成各曆法的週數算起。

Q：用什麼方法？

A：三六五天哈伯太陽曆的數字七十三（五天的週數），乘以卓爾金月亮曆的二六〇天。接著，用卓爾金月亮曆的五十二（五天的週數）乘以哈伯太陽曆的三六五天。

Q：如何由該數學方程式計算出？

A：透過以下方法算得：

$365 \times 52 = 18,980$ 天

$260 \times 73 = 18,980$ 天

　　三六五天的哈伯太陽曆，和二六〇天的卓爾金月亮曆互相交替運動，因此每五十二年會在同一天和同一數字上重合，這就是昴宿星週期。

　　舉一個例子，可以想像有兩個齒輪，齒輪中各齒都標示一個數字和一天。其中一個齒輪較小，代表卓爾金月亮曆，而較大的齒輪則代表哈伯太陽曆。

　　如果開始將小齒輪轉到八次坎（KAN），將大齒輪轉到波波（POP），那麼當小齒輪轉七十三次、大齒輪轉五十二次時，它們將同時回到八次坎（KAN）和波波（POP）。

　　同樣的方式，當哈伯太陽曆和卓爾金月亮曆返回相同的日期和位置時，馬雅曆的開始日期只會在每五十二年時重複

進行。

　　神聖的五十二年週期，對於馬雅人是非常重要的，因為在這一天，他們會舉行盛大的慶祝儀式，這種儀式在馬雅語中稱為"TUMBEN-KAAK"或"KAAK-TUN"，意思是「新火」。在這一天，昴宿星會在午夜時分通過天頂，就在此刻，響尾蛇星座（昴宿星）在天空正中央閃閃發光，所有馬雅儀式中心都亮了起來，堆成金字塔型狀的柴火象徵「新火」，在他們的大型廣場中心熊熊燃起。對於地球上的所有人類、神廟、金字塔、陶瓷、禮服、繪畫而言，這是更新的重要時刻。掛在金字塔和神廟上的畫布和內外裝飾都要除舊布新。

　　對於剛滿五十二歲的馬雅人來說，這是一個重大的時刻，因為他們進入了生命中另一個重生的階段，開始深入研究靈性相關、冥想，並修行轉化內在，一直持續進行到他們成為未來的「智慧大師」（Kan-Beh-Zah），意義是：「那些教導你智慧之道的人」。

　　馬雅研究者吉拉德（Rafael Girard）在他的《馬雅文明及其追隨者》書中，對此一特定循環發表了評論：「五十二年循環是一種將人類生命與宇宙生命連結在一起的工具，它保持了數字和週期定律，這些定律同時是確保人類生命及其工作，以及宇宙和時間生命的和諧與穩定之定律。」

. MAYA - ASTRONOMER DOING
CALENDARICAL OBSERVATIONS AND
CALCULATIONS FOR THE CALENDARS .

馬雅的天文學家正在進行觀測和計算曆法

伯隆提庫（BOLONTIKU）與歐旭拉呼提庫（OXLAHUNTIKU）的預言

循環開始，循環結束。循環不息……對於這種旋轉與週期性的運行，馬雅大師給了我們很重要的教導。我們看著響尾蛇以旋轉的方式移動身體就是最好的例子。

對於馬雅人而言，這種運行象徵著某種事物開始了，同時某種事物也結束了。生命即是經由這種動態運行，人類的循環才得以生生不息。

一部稱為提庫（TIKU）的曆法中，概述了影響地球的正負循環，從哈伯太陽曆和卓爾金月亮曆在同一日期重合算起，以五十二年的運動為基數。

提庫（TIKU）曆法分為兩個循環：

一、歐旭拉呼提庫，一個循環有十三個週期，每個週期為五十二年（13×52 ＝ 676）。

二、伯隆提庫，一個循環有九個週期，每個週期為五十二年（9×52 ＝ 468）。

歐旭拉呼提庫為人類提供一個正面的循環，由智慧、愛、和諧、平衡、健康、和平等所管理。

　　伯隆提庫則是一個負面循環，受到了自私、暴力、輕浮、嫉妒、唯物主義等所支配。

　　伯隆提庫循環象徵著美洲民族的黑夜，此循環開始於一五一七年八月十七日，西班牙人科德斯（Hernan Cortes）來到這裡，他就是那個帶給當時美洲原住民族漫漫黑夜長達四六八年的人。

　　一位大師卡瓦列羅先生（Victor Manuel Chavez Caballero）使用口述傳說講述了名為「祕密演講」的預言，該預言是於一五二一年八月十二日由KUAUHTEMOK的Tlatoani所傳達，他是至高無上的國王，也是阿納瓦克的納瓦──阿茲特卡（Nawa-Azteca of Anahuak）的最後一位領導者，他是這麼說的：

　　　「我們的陽光已躲起來了，
　　　我們的太陽已藏匿無蹤了，
　　　它把我們遺留在完全的黑暗之中，
　　　我們知道它將回來，
　　　會再次照耀我們，
　　　但當它仍然在MIKTLAN（地下世界）中，
　　　我們應該團結一致，
　　　隱藏在我們的心中，

我們所愛的一切，

我們應該摧毀我們的神廟，

我們的學校，

我們的球場，

我們的青年們，

我們的歌之屋，

從今天開始，我們的家，

將成為我們的神廟，

我們的學校，

我們的歌之屋，

從今天開始，

直到太陽再次出來，

父親與母親

將成為導師指引我們，

執起他們孩子的手，

只要你仍活著，

父親與母親，請勿忘記，

告訴你的孩子，

阿納瓦克一直存在著，直到今天，

在我們眾神的保護下，

由於我們的習俗，

還有我們長輩的教育，

他們教導我們的祖先，

並下定決心，

他們教導我們，

別忘了，

告訴你的孩子們，

保存我們的文字，

以及我們的智慧，

因為有一天他們將成為榮耀，

屬於我們摯愛母親阿納瓦克的。」

伯隆提庫的負面循環，結束於一九八七年八月十六日，而歐旭拉呼提庫正面的循環開始於一九八七年八月十七日之初。人類進入了一個五年緩衝期，被稱為「適應期」，這段期間，發生了影響深遠的事件，例如：

一、柏林圍牆倒下。

二、蘇聯集團瓦解。

三、南非種族隔離消失。

四、世上許多軍事獨裁政權終止。

一九九二年八月十七日，我們進入了和平與和諧的歐旭

拉呼提庫時期，重返自然的秩序，重返對大地的尊敬。但是在完全進入這個循環之前，還必須經歷一段時間，稱為「孕育期」（類似於我們母親子宮內九個滿月的週期）。這個循環於二〇〇一年八月十六日結束，在這個時間點，從開始已經發展了十三年，直到二〇一四年，我們才將看到這一個新循環對世界所產生的確切影響。

馬雅的神聖數字

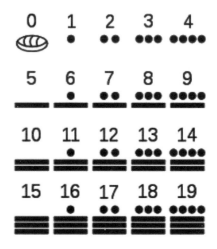

「神、人類、數字是一體的，是同一個單位，萬物皆
依循幾何形式和數字。」

——馬雅人祖先的智慧

馬雅大師建立了他們的知識，第一個因果基於能量，將
呼納庫象徵為至高無上的建築師，作為「運行與測量的唯
一主宰神」，他們利用數字13、4、5和20以數學方式作表
示。並將哲學和數學的思維加以合成。

馬雅－托爾特克（Maya-Tolteca）的智慧，如此述說：

基於Quetzalcoatl-KuKuulKaan教義的宇宙智慧，我們對神聖數字1到20（包括0）的含義進行聖靈─哲學的解釋：

0 = MIXBAL，呼納庫：「對於運行與測量，宇宙中唯一主宰神」創造本身、萬物起源。

1 = HUN，父親伊札納、天空的智慧、神聖的知識。

2 = KA，母親伊雪兒、大地之母、醫學之母、光明之母。

3 = OX，兒子、庫庫坎顯化的數字。

4 = KAN（坎），巨蛇「KAN-MAY」的智慧，學習、教導、溝通、傳遞，生活的四項元素。

5 = HO，靈性的覺醒，大地所創造出的兩個太陽至點（春／秋分）、兩個晝夜平分點（夏至／冬至）和太陽天頂，所進行的五個運行。

6 = UAK，靈魂的成熟，準備好要分享經驗，就像水果成熟由綠色轉為黃色。

7 = UUK，一星期七天、七個脈輪、七個音符、七個顏色、七個腺體、七個主要行星、七個能量體。

8 = UAXAK，無限數字和行星核心之中心。

9 = BOLON，胚胎、孕育與誕生。九個滿月，「九位神合而為一」。

10 = LAHUN，父親、天空之心、母親、大地之心，完美的
合體。

11 = BULUK，世代變遷、大地循環。

12 = LAHUNKA，重生，天界的十二位神靈／守護者。

13 = OXLAHUN，無限的「十三位神合而為一」。宇宙的十
三個層次，靈魂的永恆，絕對的。

14 = KANLAHUN，喚醒宇宙意識的人。

15 = HOLAHUN，太陽的五個運動和人類的能量影響。

16 = UAKLAHUN，有意識的人。

17 = UUKLAHUN，創造碩果累累。

18 = UAXALAHUN，行動中的動態宇宙。

19 = BOLONLAHUN，聖靈重生。

20 = KÁL = HALACH-HUINIC

- 成形的人。
- 真正的真人。
- 手上的十個手指和腳上的十個腳趾。

「大地上將不會有繁榮燦爛，亦無雄偉壯觀，直到完
全成形的人出現為止。」

──馬雅聖書《波波·烏》

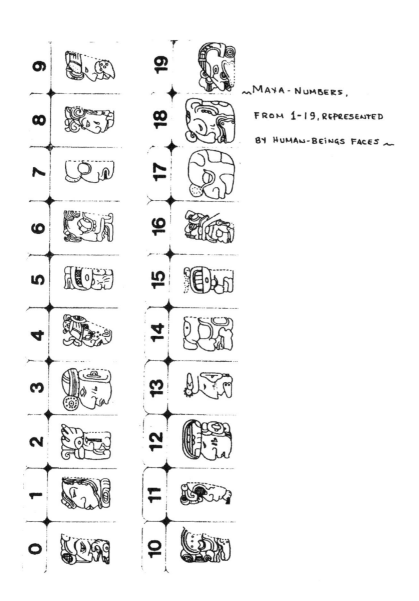

~MAYA - NUMBERS,
FROM 1-19, REPRESENTED
BY HUMAN-BEINGS FACES ~

以人類臉的圖騰代表馬雅數字

哈伯太陽曆和卓爾金月亮曆合體的重要性

＊ THE SACRED·CALENDARICAL·CROSS ＊

～ MAYA - CODEX MADRID ～

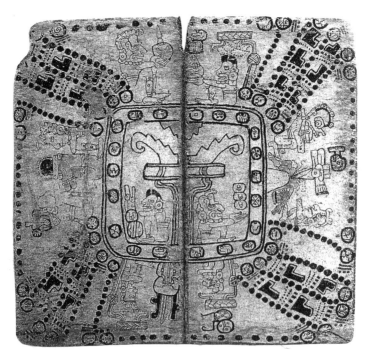

～ CYCLES OF MAYA·CALENDARS ～

馬德里的古馬雅手抄本，記錄馬雅曆的循環

　　「保持天空之心與大地之心之間完美的平衡」，是馬雅大師們為我們所留下的偉大教導：「天空之心」代表太陽，象徵創造的男性力量；「大地之心」則代表了月亮，象徵豐沛、生命和孕育的女性力量。太陽與月亮、男性與女性、光明與黑暗，完全和馬雅的哈伯太陽曆和卓爾金月亮曆互相呼應。但更重要的是我們必須了解，讓自己保持平衡與和諧，才能達到完全與大自然同步。哈伯太陽曆一年共三六五天，使我們能夠了解地球與太陽有關的宇宙能量，並加以利用：兩個晝夜平分點（春分與秋分）、兩個太陽至點（冬至與夏至）和太陽天頂。

　　在季節變換中，這些奇妙的能量是可見的有形能量，包含了：春、夏、秋、冬，以及馬雅新年開始日的太陽天頂日，跟隨著哈伯太陽曆，我們就能隨著宇宙運行，使我們的身體和心靈得以療癒、淨化：

- 春分：三月五日至四月六日共三十三天（「地」元素）。
- 太陽天頂日：從七月十日至七月十五日共五天（「乙太」元素）。
- 夏至：六月十七日至六月二十五日共九天（「火」元素）。
- 秋分：九月五日至十月七日共三十三天（「水」元素）。
- 冬至：十二月十七日至十二月二十五日共九天（「風」元素）。

　　接著以二六〇天的卓爾金月亮曆，讓我們從微觀的角度調整自己，依照男人、女人和小孩做不同的調整。我們在母親的子宮內待滿九個月，相當於二六〇天，人的身體由十三個主要關節和二十根手指、腳趾（手上的十個手指，腳上的十個腳趾）所組成。當我們將這些數字相乘：$13 \times 20 = 260$，意義就如同卓爾金月亮曆一樣。人類每十三天就會發生一次生理、能量和精神上的變化，這也是卓爾金月亮曆使用十三天或納瓦做計數的原因。宇宙能量的轉輪，以這種方式為人類進行清理和療癒，同時讓他們了解如何在日常生活中運用宇宙的能量，尤其是用在農業、田野、水、雨、播種、力量和生命能量等。

　　當水、天空、哈伯太陽曆和卓爾金月亮曆，處於完全平衡的狀態時，我們能夠回到生命最初的源頭與連結神聖知識的智慧，然後將這些知識應用在我們的生活中，提升身、心、靈的任何面向。

　　全人類超越揚升的關鍵時刻已經到來，在神聖的男性太陽與神聖的女性月亮之間的合體中，我們可以重返平衡與和諧，彼此相互支持，宛若愛與智慧的兩大宇宙支柱。

　　男人支持女人，女人支持男人，完全實現了馬雅人給我們的教導：你是另一個我（IN–LAK'ECH）和我是另一個你（A–LAK'EN），「我是什麼，你就是什麼」、「我對自己的

感覺，就是我對你的感覺」、「你就是我自己的鏡子」。

所有人類的朋友們，現在是你實際行動的時刻，去對太陽父親與大地母親表達你的愛、榮耀與尊崇！

時候到了，讓我們帶著意識、平衡、和諧與愉快的方式付諸行動吧！

父親是太陽——阿浩（AHAU），它的光芒孕育創造了生命！

母親是月亮——烏（UH），它是大地子宮的象徵，孕育我們生命中所需的一切事物！

我們是大地母親的兒女！

所有的愛、榮耀與尊崇都歸諸她！

古馬雅曆每一年代表的圖騰

馬雅曆代表「年」的圖騰只有四個，分別是：

坎（KAN）：智慧、允達里尼能量、轉化、神聖的知識。

姆路克（MULUK）：月亮、陰性能量、母親、情緒、淨化。

伊旭（IX'）：內在的戰士、豹的能量、勇氣、力量。

卡哇克（KA'UAK）：熟成、二次誕生、準備好了。

馬雅的新年是七月十六日，整年的時間是七月十六日至隔年七月十五日。

2017＝坎（KAN）

2018＝姆路克（MULUK）

2019＝伊旭（IX'）

2020＝卡哇克（KA'UAK）

2021＝坎（KAN）

2022＝姆路克（MULUK）

2023＝伊旭（IX'）

2024＝卡哇克（KA'UAK）

　　二〇二〇年七月十六日之前，我們仍然受「伊旭（IX'）」能量影響。這正是我們加緊腳步，透過不斷的淨化、轉化、啟動自己內在戰士的最好時機。我們要拿出勇氣做出決定，開始行動，發揮潛在的力量。如此才能準備好迎接下一年卡哇克（KA'UAK）的二次誕生，開始走上靈性道路。

二十個古馬雅「日」或「納瓦」在哲學與靈性上的含義

「馬雅日的每一日都構築出天空之心和大地之心的一部分。因此，它們是神聖的符號，在其最深層的本質上也包含了創造自己本身。」

——納祖爾

馬雅大師談到了光：「遵循聖靈的智慧，這是接觸大地母親的途徑。」

我們回到原始源頭，這樣可以真正了解二十個馬雅日的神聖象徵是從何而來。這些源頭中，有一個是秋瑪葉爾的馬雅古書《契倫巴倫》。從這本書中，使我們能夠了解「每一個馬雅日中所涵蓋馬雅智慧的奇妙精髓」。

共有二十天，稱之為納瓦或祖父母，它們都與天空之心和大地之心有著深厚的連結。讓我們再次打開這本不尋常的知識源頭，把它的含義分享出來，以下是每個馬雅日之名，以及其字符與含義。

接下來的幾頁中，所有「二十個馬雅日」的字符都是

取自原始的馬雅手稿，這些手稿稱為馬德里手稿（Madrid Codex）或特洛卡迪手稿（Tro-Cortesian Codex），該手稿現在典藏於西班牙馬德里圖書館。

　　以下是二十個馬雅日字符及其基本宗教含義，各個字符皆呈現於單獨頁面上，讓你可以集中意念並且冥想，直接與這些字符連結，看看能否得到進一步的信息。

第一日：坎（KAN）

「我是愛與智慧的蛇，我在這裡照耀著你，我全然信任！」

 圖騰意涵　蛇在馬雅人眼中是很神聖的動物，蛇張開嘴巴把人吞食代表轉化與智慧合一。

 象徵意義　巨蛇、太陽、光、智慧、儀式祭典、潔淨、祭司、神聖的振動頻率──亢達里尼、神聖的知識，羽蛇神庫庫坎。

坎（KAN）是蛇亦是亢達里尼能量，今天可以透過靜心和唸誦咒音坎（KAN），啟動位於尾椎的亢達里尼。
KAN KAN KAN KAN……
源源不斷的生命力被啟動了！

第二日：奇克治安（CHIKCHAN）

「金色的蛇展現給你看到人生經歷中所隱藏的寶石珍珠……
這是你的寶藏。」

圖騰意涵　蛇皮之外的小蛇，隱藏在蛇皮後面，唯有脫去舊的
蛇皮，才能生存。三個黑點代表創造宇宙的三股力
量：陰性、中性、陽性。

象徵意義　看穿一切隱藏在背後的意義和課題，真正的寶石等
待你去發掘。

奇克治安（CHIKCHAN）是小蛇，但圖騰代表是蛇皮，我們要去
看到蛇皮背後的學習，蛇經過生死的奮鬥蛻下皮，再度重生。
它給我們的教導就是把過去的經驗收集起來，從過去的經驗學
習，重新蛻變成新的一個人，提升自己到不同的層次。

第三日：克依迷爾（KIMIL）

「神祕的死亡，克依迷爾（KIMIL）是生命、人類的巨大轉變⋯⋯就是光。」

 圖騰意涵　當小我閉上眼睛，死亡的那刻，你就轉化重生了。

 象徵意義　死亡，內在的轉變，陰影的死亡，「小我」的轉化。

馬雅人說今天是「小我」死亡最好的日子，今天的能量最適合做內在的轉化，釋放內在不需要的負面情緒，用金色的光充滿全身，淨化與滋養身體七個能量中心，開始新的一天。

第四日：馬尼克（MANIK'）

「傾聽我，我是馬尼克（MANIK'），是神在你心中的氣息。不要忘了，風是神的低語。」

 圖騰意涵 所有的古文明都以鳥代表聖靈，它們是神與我們之間的信使，圖騰的鳥加上代表靈的倒"T"就是聖靈的象徵。

 象徵意義 讓神穿過，對神有信心，對神充滿信心，做自己能做的工作，讓上帝的靈為您做工作。

「放手」是今天的能量，有時候我們會汲汲營營地想要完成自己的期望，但是不斷辛苦努力卻一直看不到結果，以致陷入沮喪或怨天尤人。這時候最好的決定就是放手交託給神去完成，讓神去做祂可以做的事，因為創造奇蹟就是祂的專長，一切的發生都是最好的安排，相信祂！

第五日：拉馬特（LAMAT）

「我是神聖男神女神合一的本質，連結人類的重要橋梁！」

 圖騰意涵　四個圓圈代表四個方位，也是四大元素：地水風火在平衡的狀態。

 象徵意義　聯合、與他人連接、與四個元素連接、與他人分享溝通、人與人之間的橋梁、與聖靈合一。

今天拉馬特（LAMAT）的能量適合呼朋引伴，讓自己成為橋梁去連結其他人，與頻率相同共振的人一起做任何令人開心的事。如果你一直獨來獨往，不願相信任何人，是該結束的時候了，請試著打開心門，重新走入人群，柳暗花明又一村，只要你願意！

第六日：姆路克（MULUK）

「你是圍繞在人類生命和靈性上不可思議的女性能量。」

 圖騰意涵　圈圈象徵我們的肚臍。

 象徵意義　月亮、肚臍、神聖的女性、母親的能量總集、太陽神經叢。

姆路克（MULUK）代表月亮是神聖女性的能量，所有的生命皆從肚臍和母親的連結開始，二六〇天之後，一個新生命就誕生了。然而連結並未因此消失，因為母親對孩子的愛是無條件和無止盡的。

當你需要的時候，隨時連結月亮母親的能量，她永遠守護著你。肚臍的周圍是累積負面情緒的地方，利用今天的能量釋放所有的情緒吧！

第七日：歐克（OK'）

「我是腳印，是照亮你生命的腳印……一步一步慢慢走。」

 圖騰意涵 鹿的腳印，馬雅人的神聖動物之一。

 象徵意義 印記、因果、走路、踏進去、人的腳印、鹿的腳印、小心想好再做、行動反應、基督意識。

歐克（OK'）是鹿的腳印，馬雅人的神聖動物，象徵基督意識。今天的能量提醒我們要帶著覺知去做任何事，因為「凡走過必留下痕跡」，不要輕易採取行動，因為所有你做的事情最後都會回到你的身上，不管是好的壞的。凡事三思而後行，才不會後悔莫及。

第八日：全恩（CHUEN）

「我是全恩（CHUEN），是你靈性上轉化的內在神性。」

 圖騰意涵　頭保持平衡，眼睛平等看待他人，公平說出每一句話。

 象徵意義　沒有痛苦的轉化，理解就沒有恐懼，同理心，將自己置於他人的位置，沒有恐懼。

很多人走上靈性的道路，經歷很多的痛苦波折，卻一直重複同樣的戲碼，未從過往的經驗中去學習。事實上每個人皆可以不用經過痛苦就能蛻變。全恩（CHUEN）的能量教我們透過理解、明白、了悟、就可以毫無痛苦而蛻變。沒有任何人是完美的，包括你自己，以設身處地的角度看待一切，就豁然開朗，其實蛻變就只是在一念之間罷了。

第九日：耶柏（EB）

「朝向創造主往上爬，在金字塔的頂端，我將與你相遇。我就是金字塔。」

 圖騰意涵　眼睛看著天空，九條橫線代表大地母親，金字塔連結天和地，你自己決定往上走或往下走（靈性的道路）。

 象徵意義　階梯、新道路、新命運、新機遇、改變生活、一條新的"Zak-Be"白色道路（靈性）。

耶柏（EB），道路，馬雅語「Zak-Be」——白色的道路，即代表我們靈性修行的道路。在這條道路會有很多的考驗，需要有勇氣和覺知一步一步通過。藉由每個經驗我們不斷提升自己的頻率，邁向更高的意識，我們的視野會大不同，生活將更和諧快樂。

第十日：貝恩（BEN）

「真正平衡的生活！我是貝恩（BEN），歸於中心與平靜，和諧你的道路。」

 圖騰意涵　烏龜。

 象徵意義　平衡中移動，緩慢，輕柔，和諧如烏龜，專注於中心。

你曾經觀察烏龜走路嗎？牠總是不疾不緩，一左一右，一步一步的走著，然而走過的痕跡永遠是一直線，不偏不倚。貝恩（BEN）在馬雅人眼中是代表神聖動物──烏龜，從牠身上學習到凡事保持平衡與和諧，自然而然就走在「中庸之道」上了。

第十一日：伊旭（IX'）

「母親的子宮，生命的起源，讓神聖的豹伊旭（IX'）和宇宙的奧祕擦亮你的靈。」

 圖騰意涵　三股創造的能量，能量從天空不斷降下來。

 象徵意義　神聖的陰性能量、女人、大地的女祭司、淨化、豹的聖靈（內在的戰士）、勇氣、力量、地球之心、祖母伊雪穆卡內。

很多人陰性能量不是阻塞就是不足，或許是因為處在一個快速競爭的時代，每個人需要汲汲營營求生存，而被迫不斷強化陽性的能量來武裝自己。伊旭（IX'）提醒我們要啟動母性的能量，喚醒內在的戰士，以柔克剛，將可克服一切。

今天抽空去戶外和大地母親連結一下吧！

第十二日：妹恩（MEN）

「我是祖父，妹恩（MEN），我顯化了天空和大地。」

 圖騰意涵　四大元素──地水風火，三股創造的力量，陰陽平衡。

 象徵意義　藥醫、祭司、有權力的男人／女人、相信和顯化的人、女藥醫、薩滿、療癒者、醫藥天賦。

妹恩（MEN）代表薩滿、巫醫、療癒者，在執行工作時他們需要百分百完全的信心，療癒才能完成。生活中的一切也是如此，這是妹恩要傳達的訊息。
「如果你相信，便可以創造；如果你能創造，就可以顯化。」

第十三日：克伊伯（KIB'）

「我是神之光，克伊伯（KIB'），我就是本我，從你的心呼喚我，我就會臨在。」

 中間的螺旋代表脊椎，啟動亢達里尼升起的路徑。

 火、蠟燭、激活脈輪、點燃內在亢達里尼、內在的智慧光、火。

今天連結宇宙創造的三股力量——天空之父，大地之母，心中之子。

唱頌羽蛇神庫庫坎咒音，

點亮你內在的光！

激活你的脈輪！

啟動你的亢達里尼！

展開新的旅程……

第十四日：卡班（KABAN）

「我是你的母親，地球之心，是賦予你生命的存有，我愛你，我的兒子，我的女兒。」

 圖騰意涵　地球如活生生的存有。

 象徵意義　地球的存有，地球的心臟，地球的靈，母親伊雪兒，祖母伊雪穆卡內。

馬雅人相信在我們的地球中心居住著老祖母伊雪穆卡內，她是地球之心，她鎮守地球的地心引力，人類才得以生存。KAB是地球，AN是存有（being），身為地球的存有與老祖母是密不可分的，時時刻刻記得接地（grounding），因為老祖母能轉化身體不需要的能量，並給予你足夠的力量去顯化夢想。

第十五日：埃茲納（EDZNAH）

「神聖的振動頻率，埃茲納，唱頌咒音，發自內心的祈禱，我相信……我相信……我相信。」

 圖騰意涵　咒音振動的頻率。

象徵意義　咒音之所、歌唱、傾聽、神呢喃之所在、神聖的振動頻率。

宇宙中充滿了振動頻率，萬物皆是頻率，人類亦是振動的存有（vibrational beings），馬雅人的金字塔是根據宇宙天象的運行而建造的，它有特定的頻率，在不同的季節就會接收不同的頻率。EDZ是咒音或頻率，NAH是金字塔，馬雅人會在金字塔上藉由唱頌咒音來連結宇宙的能量，提升自己的頻率。你可以試試觀想自己在金字塔前唸「埃茲納」（EDZNAH）。

第十六日：卡哇克（KA'UAK）

「靈性的本質卡哇克，再次重生，直到我的存在變完美。」

 圖騰意涵　果實熟成落地所發出的聲音。

 象徵意義　第二次重生（靈性的誕生，開始走上靈性的道路）、成熟的靈魂、準備就緒、你靈性上自我實現的時刻到了。

馬雅KA是2，UAK是誕生的意思。當果實熟成時自然而然落地，同時發出「卡哇克（KA'UAK）」的聲音，接著就進入另一段生命的旅程，滋養人類。卡哇克（KA'UAK）靈性的意義是當你準備好時，就可以展開靈性的第二次重生。你準備好了嗎？
馬雅人的曆法是以五十二年為週期，馬雅金字塔每五十二年會有盛大祭典並重新翻修。而對人類而言，五十二歲亦是第二次重生的開始，可以隨意重新安排自己的人生，朝向精神面的修行。

第十七日：阿浩（AHAU）

「向阿浩（AHAU）祈禱，信任他永遠深深地活在你的心中，一切都會順利……」

 太陽能量直接降到地球。

太陽、神、神聖的、智慧、紅色、神聖儀式、柯巴樹脂、創造──創造力、光、意識、時間、愛、神的智慧和神聖的知識。

每個月能量最高的一天，阿浩（AHAU）──太陽，今天將有滿滿的光供你運用，諸事皆宜。任何黑暗的東西在太陽的照射下將無所遁形，只要你願意拿出勇氣攤在陽光下，天空之父太陽，會用無條件的愛支持你並為你轉化一切黑暗。

第十八日：伊米旭（IMIX'）

「輕柔又溫和，我滋養著你，我是你的母親伊米旭（IMIX'），我愛你，享受我無止境的甜蜜。」

 圖騰意涵 圓點代表孕育生命的子宮和母親滋養的胸脯，下面四條線代表形成生命的四大元素：地、水、風、火。

 象徵意義 母親的乳房、養育、愛、支持、知識、溫柔、玉米（Maiz）、神聖的陰性、子宮、智慧。

今天沉浸在大地之母的陰性能量中，別忘了天空之父的陽性能量，藉由陰陽平衡，讓我們身、心、靈達到最佳的狀態。凡事亦如此，剛柔並濟，水火同源，才能一切圓滿。

第十九日：伊克（IK'）

「我是祖父伊克（IK'），即是你內在的呼吸，用你的意識感覺我的存在！」

 圖騰意涵 馬雅人相信神將「靈」吹進母親的子宮，就是人類受孕的時刻，即是精子和卵子的結合。

 象徵意義 神靈、神的氣息、風（靈）、沉默（內在）、對神靈的信心、聽風中的訊息。

馬雅人認為萬物都有靈，不論是人、動物、山、森林、海洋、花草、礦石、河流皆有靈。如果能打開你的心，從你的心和它們的心連結，你就能夠從中學習生命的奧祕，也能不費吹灰之力獲得療癒的能量。伊克（IK'）代表「靈」的能量，你不妨試試看，來體驗一下與萬物連結。

第二十日：阿克巴（AKBAL）

「我是長老阿克巴（AKBAL），我正在你的心裡找尋純淨和意圖。」

 圖騰意涵 一種鳥、代表孩子出生時，眼睛半開半閉，離開黑暗的子宮，重見光明，純淨無邪，開始探索世界。

 象徵意義 黎明、曙光即將來臨、睜開眼睛、新機會、小鳥、黑暗走入光明、重新接收光、新的轉化、重新變成純淨。

當你走在人生的低谷時，
有如漫漫長夜，
等待黎明的到來，
這是最煎熬的時刻。
阿克巴（AKBAL）代表黎明的曙光，
充滿信心，抱著希望，堅持夢想，
光明終將重現。
一切苦難隨光而逝，
從此開啟嶄新的一頁。

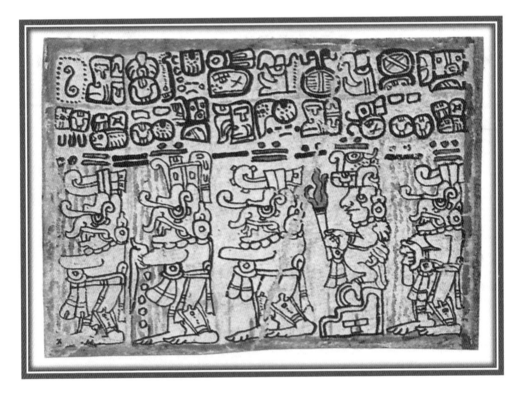

十九個古馬雅「月」在哲學與靈性上的含義

　　哈伯象徵結束、完成、圓滿的意思。哈伯曆法中，包含了十八個二十天的月分，加上一個只有五天的月分。馬雅大師教導我們一年中不同季節春、夏、秋、冬的深奧含義。一年中共有兩個太陽至點和兩個晝夜平分點，再加上與馬雅新年開始的太陽天頂日。第一個月稱為波波，馬雅人舉辦儀式，以迎接部落或地區的新導師、長老、祭司。此時要對祭典中心、金字塔、神廟、不同區域、家宅進行全面清潔工作。有欠債就必還清，人們會祈求寬恕，以求社會和家庭的和諧，舊衣物全部清除換新。

　　現在就來學習這十九個月在哲學和靈性上的含義。

第一月：波波（POP）

| 月分意涵 | 時間 |

月分意涵　時間

西曆期間　約7月16日至8月4日

象徵意義　時間的開始、馬雅曆法、神聖坐墊（權力的象徵）。

儀式活動　慶祝馬雅新年的慶祝活動，預測一年會發生的事件（根據天象預測其影響）。

【印記案例】
波波（POP）＋馬尼克（MANIK'）＝你的時間到了，要開始去信任神靈。

第二月：巫歐（UO）

（月分意涵）青蛙

（西曆期間）約8月5日至8月24日

（象徵意義）青蛙、大地母親、雨水、豐盛的繁殖力。

（儀式活動）獻供給大地母親，水、種子、樹木、雨水，豐饒。

【印記案例】
巫歐（UO）＋阿克巴（AKBAL）＝你的靈與充沛的雨水有連結，擁有母性豐盛的繁殖特質。你也是從黑暗走向光明的旅者，讓自己更純淨、更正面迎接黎明。

第三月：日伊波（ZIP）

（月分
意涵）　熟成

（西曆
期間）　約8月25日至9月13日

（象徵
意義）　成熟、熟成水果可以吃了、給予。

（儀式
活動）　在金字塔和廟宇中，獻供來自大地母親所有水果的
種子。

【印記案例】

日伊波（ZIP）＋伊旭（IX'）＝你擁有大地母親的力量，你的內
在戰士就是豹。此生的學習，在身心靈方面走向成熟與完整。

第四月：周次（ZOOTZ）

 月分意涵　蝙蝠

 西曆期間　約9月14日至10月3日

象徵意義　蝙蝠，洞穴的守護者，在極度病重可用的藥物，神聖的花粉（蝙蝠會吃農作物的蟲，藉此傳送花粉，如同蜜蜂），學習被隱藏的知識，神祕的生死（掌握生死的神），醫藥（身心靈）、農業。

 儀式活動　秋分的儀式活動，日夜同長（9月21日），用草藥和植物製備藥物。

【印記案例】
周次（ZOOTZ）＋妹恩（MEN）＝此人已經準備好透過醫藥了解生死。

第五月：日耶克（ZEC）

月分意涵	教導

西曆期間	約10月4日至10月23日

象徵意義	教導、文字語言的力量、分享、溝通、傳授知識。

儀式活動	蜜蜂之神（Ah-Muzen-Kab）的祭典，為求得花粉、蜂蜜、蜂蠟等。

【印記案例】
日耶克（ZEC）＋伊米旭（IMIX'）＝這人已準備好去傳遞（分享、溝通）大地母親的智慧。

第六月：蘇爾（XUL）

月分
意涵
結束

西曆
期間
約10月24日至11月12日

象徵
意義
結束，目標完成，開始另一個目標。所有一切過程結束；如結束工作、循環結束、靈魂在地球結束，或是靈性、肉體、物質、關係、生意等，一個階段的完成。

儀式
活動
榮耀聖靈的慶典，每個人帶著不同的羽毛，在儀式中彼此互相分享特殊羽毛。

【印記案例】
蘇爾（XUL）＋伊米旭（IMIX'）＝舊的循環結束，新的開始，你會擁有大地母親全力的支持。

第七月：亞旭克恩（YAXK'IN）

月分意涵	新太陽

西曆期間	約11月13日至12月2日

象徵意義	新太陽，綠色（太陽父親的能量是綠色，太陽的第一道和最後一道光也是綠色），啟動心輪（基督意識），來自太陽的綠色光束（療癒、醫藥），綠色的光在心中（心中豹的靈，豹帶著覺知，用豹爪把心打開）。

儀式活動	榮耀豹（Balam）的慶典，接受祝福的日子。

【印記案例】
亞旭克恩（YAXK'IN）＋奇克洽安（CHIKCHAN）＝藉著太陽的第一道光，看到所有經驗背面的意義。

第八月：摩爾（MOL）

 月分意涵 種子

西曆期間 約12月3日至12月22日

象徵意義 播種，生命的種子（也代表內在已經有的東西），好的行動，豐收，好的業力，富裕、健康，所有好的事，所有的祝福，好的福德。

 儀式活動 冬至的儀式活動（12月21日），一年中最長的夜晚，此時收集所有的種子分享出去。

【印記案例】

摩爾（MOL）＋馬尼克（MANIK'）＝從靈接收到所有的祝福，在人生的道路上引導你，把你所學的知識重整再分享出去。

第九月：泉恩（CH'EN）

（月分意涵）　船

（西曆期間）　約12月23日至1月11日

（象徵意義）　船、井水、漫長的旅程、河流般流動、生命旅程的轉換。

（儀式活動）　整修翻新寺廟，新石柱，新顏色，新繪畫，雕刻圖騰的活動。

【印記案例】

泉恩（CH'EN）＋歐克（OK'）＝走了很長的路尋找靈性道路（這是一個過程），像乘著船，轉了好幾世，經過很長的旅程，終於找到了真理。

第十月：亞旭（YAX）

 月分意涵 第一道綠光

西曆期間 約1月12日至1月31日

象徵意義 第一道光（曙光）、綠色、藍色、堅強、歡迎生命（綠色大自然）、此時此刻，最重要的是當下，任何事當下去做，不要猶豫。

 儀式活動 用最好的種子準備來年豐收的慶祝活動。為地球祖母伊雪穆卡內和為我們提供食物而死去的動物舉行慶典。

【印記案例】

亞旭（YAX）＋歐克（OK'）＝你的出生印記是基督意識的頻率，用生命的行動去經驗因果，當下去做不延遲，需先三思而後行。

第十一月：札克（ZAK）

| 月分意涵 | 白 |

約2月1日至2月20日

象徵意義　白色、純淨、透明、水晶、誠實、誠懇、清晰的源頭、白色的道路（靈性道路），白色轉紫色（能量）——代表第五次元乙太能量，不會受負面能量干擾。

儀式活動　在廟裡進行禁食，祈禱，靜心以祈求獲得豐收。

【印記案例】

札克（ZAC）＋卡班（KABAN）＝藉由你的純淨，可以跟地球之心祖母伊雪穆卡內連結，祈求協助。

第十二月：克耶（KEH）

月分意涵　鹿

西曆期間　約2月21日至3月12日

象徵意義　鹿（神聖的動物）、謙虛、謙卑、無條件的愛、膝蓋是謙卑的脈輪、臣服傲慢、宇宙的能量、服務所有的存有，愛人類、基督意識。

儀式活動　感謝生命創造者賜予所有水果和玉米收成的慶祝活動。

【印記案例】
克耶（KEH）＋全恩（CHUEN）＝保持謙卑去接受轉化，不必經過痛苦。

第十三月：馬克（MAC）

月分意涵
覆蓋

西曆期間
約 3 月 13 日至 4 月 1 日

象徵意義
覆蓋、被保護、情緒、想法、隱藏的東西，轉化它們……內在的蛻變。

儀式活動
榮耀雨神（Yum-Chaak）賜於海洋、河流、湖泊、水井、瀑布之水的慶典。

【印記案例】
馬克（MAC）＋耶柏（EB）＝去轉化隱藏在內在的情緒或傷痛，這都是過程，需要一步一步完成。

第十四月：坎陰（KANKIN）

 月分意涵　四個太陽

西曆期間　約4月2日至4月21日

象徵意義　四個太陽、四個方位、圍繞太陽的四個運行，生命之樹，人生四個階段（小孩、青年、中年、老年），各十三年，共五十二年。

 儀式活動　羽蛇神——庫庫坎春分降臨之後，此時到了回歸與祂道別的慶祝活動。

【印記案例】
坎陰（KANKIN）＋阿浩（AHAU）＝此人的基礎建立在行星太陽上，多跟太陽連結就可以穩固基礎。

第十五月：摩安（MOAN）

月分
意涵
　鳥

西曆
期間
　約4月22日至5月11日

象徵
意義
　鳥、聖靈、風、柔軟、神靈呼吸、格查爾鳥（QUETZAL）、貓頭鷹、靈魂、星光體出遊。

儀式
活動
　以祈禱和祭典禮敬大地母親伊雪兒，並榮耀她為醫藥女神。

【印記案例】
摩安（MOAN）＋阿克巴（AKBAL）＝靈魂從黑暗走向光明的過程，接受大地母親的協助。

第十六月：帕旭（PAX）

 月分意涵　音樂

西曆期間　約5月12日至5月31日

 象徵意義　音樂、振動、頻率、咒音、韻律、跳舞、唱頌、祈禱、唱歌、鼓、小號、沙鈴（任何可以產生聲音的工具）。

儀式活動　音樂的慶典、以各種儀式、歌曲、舞蹈、祝福所有樂器。

【印記案例】
帕旭（PAX）＋妹恩（MEN）＝薩滿療癒者，用音頻、聲音、唱頌去療癒他人。

第十七月：凱亞柏（KAYAB）

 月分意涵 唱歌

西曆期間 約6月1日至6月20日

象徵意義 唱歌、祈禱、讚美、肯定話語、咒音、聲音、傳遞訊息說書者、傳說、對神感恩的咒音。

儀式活動 榮耀伊札納神，所賜之馬雅曆法、手抄本，神聖器具，特殊咒語的儀式活動。

【印記案例】
凱亞柏（KAYAB）＋克依迷爾（KIMIL）＝用特別的咒音提升你的頻率，透過頻率轉化內在。

第十八月：庫姆庫（KUNKU）

 月分意涵　太陽神

 西曆期間　約6月21日至7月10日

 象徵意義　太陽神、神停留（6月21日）夏至、太陽能量、光的下降、光的大師支持、父親的能量、啟蒙、覺醒。

儀式活動　透過斷食和靜心，進行淨化和潔淨的儀式活動。

【印記案例】
庫姆庫（KUNKU）＋克伊伯（KIB'）＝太陽父親用光點亮你的靈和脈輪。

第十九月：外耶柏（UAYEB）

月分意涵　在此地

西曆期間　約7月11日至7月15日

象徵意義　「在此地」。

儀式活動　透過潔淨，淨化，斷食，祈禱，儀式準備迎接新的一年。

【印記案例】

外耶柏（UAYEB）＋坎（KAN）＝透過斷食、靜心、祈禱可以啟動亢達里尼的能量。

第四部

古馬雅曆應用

　　可依據生日解盤，解讀之前先連結個案的圖騰，
能量會帶你看到圖騰的意義，答案就在每日的圖騰中。

古馬雅曆生日解盤步驟

　　馬雅人認為，當造物主把一個人的靈和此生的藍圖組成
DNA，然後吹一口氣送入了母親的子宮，此刻就是受孕的
時刻。這時刻對馬雅人來說是非常重要的，因為它和你此生
的靈性道路有密切的關係。當嬰兒出生時，馬雅祭司就根據
它來決定小孩未來個性和適合的職業。用和諧、流動、彈性
的使用哲學的方式解讀。解讀之前先連結個案的圖騰，打開
你內在的眼睛，能量會帶你看到圖騰的意義，答案就在每日
的圖騰中。

1. 首先寫下西曆生日。

2. 從生日往前推九個月（不含當月）的日期，就是受孕的日期。

3. 從拉頁的「西曆／馬雅曆對照表」，找到出生和受孕的馬雅曆日期。

4. 接著畫下出生和受孕的月分與日的圖騰。

5. 受孕的圖騰，是你有肉身之前所具備的靈性天賦，與此生的靈性使命有關。

6. 出生的圖騰，代表你的心——意識和身——肉體（振動的存有），即是你有肉身之後，在地球上的體驗，生命過程所要學習的經驗或課題。

7. 神聖的數字：根據每個人當下的頻率出現，當你的頻率改變，數字就改了。

- 生命數：出生和受孕的數字相加至個位數。
- 流年數：生命數字和西元年數字相加至個位數。

解讀的方式

1. 參考書中的圖騰和數字靈性象徵意義。

2. 直覺解讀。

3. 靜心（接收訊息）。

4. 抽圖騰卡。

5. 馬雅神聖數字的意義。

古馬雅曆生日解盤案例

解盤範例1：承峰（化名）

- 生　　日：1971/10/31
- 受孕日：1971/01/31

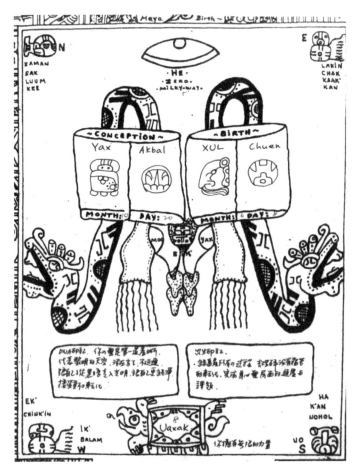

你的靈是第一道晨曦，代表黎明的天空，活在當下，不延遲，讓自己從黑暗走入光明，讓自己更純淨，接受新的轉化。

 經驗所有的過程，去理解沒有痛苦的轉化。完成身心靈層面的進展與課題。

 8：UAXAK——你擁有無限的力量。

解盤範例2：鳳文（化名）

- 生　日：1980/12/29
- 受孕日：1979/03/29

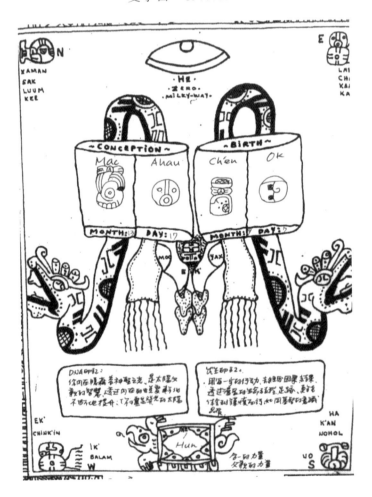

你的內在隱藏著神聖之光，是太陽父親的智慧，透過內在的蛻變轉化不斷地提升，你的靈是發光的太陽。

用每一步的行動力去經歷因果，透過漫長的生命旅程、足跡、更能體會到謹慎而行，如同基督的意識品質。

1：HUN ——合一的力量，父親的力量。

解盤範例3：啟明（化名）

- 生　日：1980/01/12
- 受孕日：1979/04/12

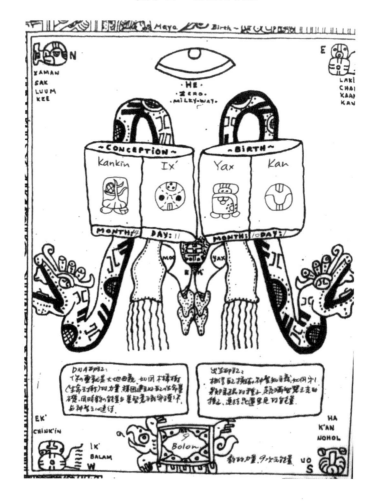

DNA 印記
你的靈就是大地母親，如同木棉樹（生命之樹）的力量，穩固建立好自己的生命基礎，同時豹的能量與基督意識守護你，與神聖之心連結。

 出生 印記
相信自己擁有的神聖知識，如同第一顆降臨的種子，是充滿智慧之光的種子，連結亢達里尼的能量。

 神聖 數字
9：BOLON ——豹的能量，九次元的能量。

解盤範例4：昀潔（化名）

- 生　　日：1976/09/04
- 受孕日：1975/12/04

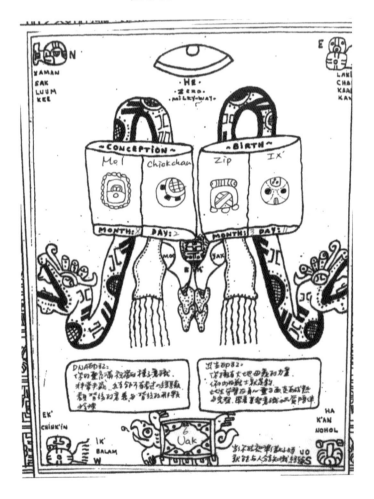

你的靈充滿祝福的種子意識，非常豐盛，結合所有看過的經驗，看到背後的意義和隱藏的珍珠。

 你擁有大地母親的力量，你的內在戰士就是豹。此生學習在身心靈方面走向成熟與完整。帶著基督意識的品質。

 6：UAK——當你成熟已經準備好時，與人分享你的知識與經驗。

解盤範例5：冠慧（化名）

- 生　日：1987/05/24
- 受孕日：1986/08/24

你的靈與充沛的雨水有連結，擁有母性豐盛的繁殖特質。你也是從黑暗走向光明的旅者，讓自己更純淨，更正面迎接黎明。

 透過音樂或頻率振動、唱歌、跳舞、祈禱來點亮你手中的光，啟動你的脈輪與神靈的力量。你就是光。

 6：UAK——當你成熟已經準備好時，與人分享你的知識與經驗。

解盤範例6：昀彤（化名）

- 生　日：1982/01/08
- 受孕日：1981/04/08

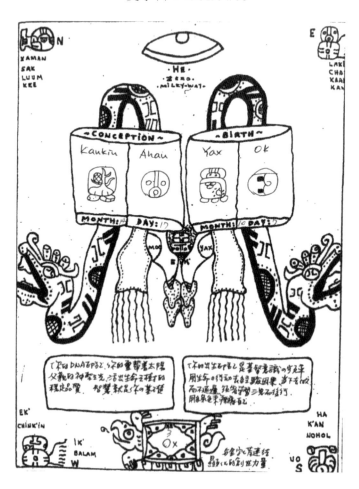

你的靈帶著太陽父親的神聖之光，活出生命之樹的穩定品質，智慧就是你的基礎。

 你的出生印記是基督意識的頻率，用生命的行動去經驗因果，當下去做不延遲，需先三思而後行。可用綠色來療癒自己。

 3：OX ——與金字塔連結，顯化的創造力量。

解盤範例7：子淇（化名）

- 生　日：1972/06/19
- 受孕日：1971/09/19

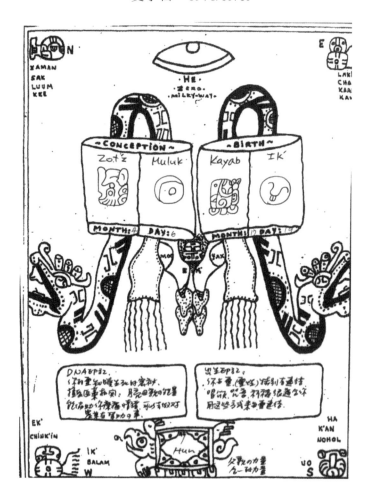

你的靈知曉死亡的祕密，擅長醫藥相關：月亮母親的能量可協助你療癒情緒，可以去做對農業有幫助的事。

 你與靈性特別有連結，你很適合用唱頌、咒音、祈禱這些方式與靈來連結。

1：HUN ——合一的力量，父親的力量。

解盤範例 8：宇傑（化名）

- 生　　日：1980/02/12
- 受孕日：1979/05/12

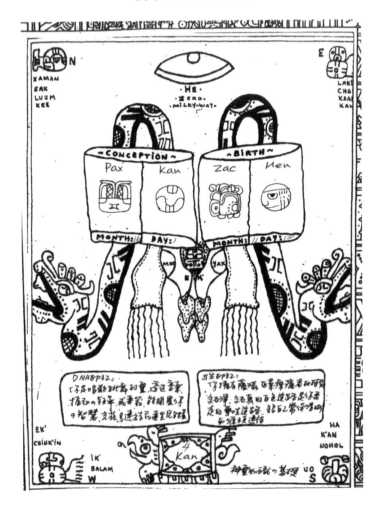

DNA
印記

你是唱歌跳舞的靈，透過音樂振動的頻率或樂器能開展你的智慧。連結亢達里尼的能量。

出生
印記

你擁有薩滿醫藥療癒者的特質，純淨，純真的白色道路是你要走的靈性道路，讓自己常保清晰與源頭連結。

神聖
數字

4：KAN──神聖知識的基礎。

解盤範例9：余靜（化名）

- 生　日：1989/03/10
- 受孕日：1988/06/10

DNA
印記

透過特殊的頻率、聲音、神聖咒音，一步一步，穩定、平衡地走在中道上，體驗陰陽的和諧與穩定。

出生
印記

在愛的品質中連結基督意識，以謙虛和謙卑以及感恩的心連結大地母親的能量，接受豐盛的滋養。

神聖
數字

3：OX——可以與金字塔連結，校準三位一體，顯化的三股能量。

解盤範例10：馥羽（化名）

生　日：1978/06/06

受孕日：1977/09/06

DNA印記　你為世間帶來獨特的振動，這是創造的能量，為世界帶來新的氣息，把注意力放在臍輪，藉由靜心冥想連結自身神聖的陰性能量去創造。

出生印記　這是收穫和感謝的時刻，坐下來休息一下，透過吟唱、咒音提升自己的振動頻率轉化。看懂世間故事，取得智慧結晶，知道許多故事後，換你把故事傳下去。

神聖數字　5：HO ——靈性的覺醒，五大元素、五芒星、四個方位加中心。

解盤範例11：又臻（化名）

- 生　日：1976/09/10
- 受孕日：1975/12/10

你是帶著禮物和祝福降臨的，你可以藉由同理他人的同時看清楚事情的真相，了解之後在沒有痛苦下，來轉化自己。

 當你意識提升時，就是你準備好的時候，藉由你的智慧，將光與愛分享出去，只要把太陽的光放在你的心中，所有的事情都會迎刃而解。

 9：BOLON——可常與大地母親及月亮母親做連結，母親的能量是帶著無條件的愛，犧牲奉獻不求回報的幫助他人。

解盤範例12：子瑄（化名）

- 生　　日：1982/02/08
- 受孕日：1981/05/08

神給予聖靈守護你，去開啟你的靈性途，並賦予你智慧去連結神聖的源頭。

 純淨的光隨時包圍著你，當你能夠用理解和同理的角度去看待任何人、事、物，你可以輕鬆蛻變，不需自己經歷那個痛。

 6：UAK——就是去分享你的經驗，透過與人溝通達到理解明瞭，即了悟生命的本質。

古馬雅曆法牌卡案例
（註：需購買《古馬雅神諭卡》，資訊請見本書折口）

古馬雅曆法除了能夠了解自己此生的靈性使命和擁有的天賦之外，當你需要指引時，可以從馬雅圖騰和古馬雅神諭卡中找到啟示。

個案可以提問：

- 自己個人有關
- 工作
- 家人
- 健康
- 靈性道路有關

工具：馬雅日圖騰二十張牌卡或古馬雅神諭卡（二十位馬雅女神）。

- 提問之人手放在卡上面，說自己的名字三次（與圖騰連結，以便收到需要的訊息）。
- 抽五張卡（生命五元素：地水火風空），用直覺排列順序來解讀。

案例一：靈性道路我還需要學習什麼？

1. 伊克（IX'）

2. 姆路克（MULUK）

3. 伊米旭（IMIX'）

4. 阿浩（AHAU）

5. 奇克洽安（CHIKCHAN）

解答：月亮母親滋養你，用太陽的光可以接收到你生命的珍珠。

案例二：什麼工作比較適合我？

1. 阿浩（AHAU）

2. 馬尼克（MANLIK）

3. 伊米旭（IMIX'）

4. 貝恩（BEN）

5. 阿克巴（AKBAL）

解答：只要你感到平衡的工作就是適合你的。跟父親和母親祈禱，讓靈引導你去找到你要的工作。

案例三：我可以用什麼方法分享馬雅曆？

1. 耶柏（EB）

2. 克伊伯（KIB）

3. 埃茲納（EDZNAH）

4. 拉馬特（LAMAT）

5. 卡班（KABAN）

解答：帶著光和母親神聖的能量和人們分享，新的頻率和神靈連結。去幫助人們提升振動頻率，透過光、音頻、音樂、唱頌咒音可以真正提升我們的頻率。

案例四：如何找個案分享馬雅曆？

1. 阿克巴（AKBAL）

2. 卡哇克（KA'UAK）

3. 拉馬特（LAMAT）

4. 姆路克（MULUK）

5. 伊旭（IX'）

解答：利用月亮的能量（晚上的時間），可以找到已經準備好可以建言的人（正在尋找光的人），協助他們和自己的靈再連結。

案例五：靈性道路需要再加強什麼？

1. 阿克巴（AKBAL）

2. 全恩（CHUEN）

3. 貝恩（BEN）

4. 卡班（KABAN）

5. 阿浩（AHAU）

解答：透過天空之心的父親和大地母親再轉化自己（還有障礙），可以回到光中達到平衡。

案例六：靈性成長要在哪方面？

1. 克伊伯（KIB'）

2. 奇克洽安（CHIKCHAN）

3. 阿浩（AHAU）

4. 姆路克（MULUK）

5. 阿克巴（AKBAL）

解答：和父親與母親的能量連結，去活化啟動你脈輪的光，及去除你已知的阻礙或你隱藏未知的障礙，你可以從黑暗中走入光明。

案例七：我想許願做靈性相關工作

1. 伊克（IK'）

2. 貝恩（BEN）

3. 伊旭（IX'）

4. 阿克巴（AKBAL）

5. 卡哇克（KA'UAK）

解答：大地母親希望你可以，很多靈魂已經準備覺醒（二次重生），只要你時時保持平衡，就能像黎明的曙光一樣，為人們帶來希望。

案例八：關於生命與事業

1. 埃茲納（EDZNAH）
2. 克伊伯（KIB'）
3. 伊旭（IX'）
4. 奇克洽安（CHIKCHAN）
5. 阿克巴（AKBAL）

解答：點燃自己神聖的光，在音樂的頻率中從內在轉化重新蛻變，雖然可能會經歷痛苦，但能透過這個過程，拿回神聖女性與基督意識的力量，並啟動自身的亢達里尼，如新生的小雛鳥般從黑暗走出光明。透過光音與自己無數化身和諧，如金字塔的能量聚焦於一，收攝整合發揮如豹的力量。

案例九：「我今天需要什麼洞見？」

我抽了五張圖騰卡和一張確認此訊息的神諭卡，解讀如下：

1. 歐克（OK'）
2. 克伊伯（KIB'）
3. 妹恩（MEN）

4. 拉馬特（LAMAT）

5. 阿克巴（AKBAL）

　　歐克（OK'）你所走過的路和所做的一切，會如腳印一樣留下痕跡，不管是好的或壞的最終都會回到自己身上，所以要小心你的每一個發心和意圖，三思而後行。克伊伯（KIB'）先點亮自己的光，提升意識和頻率，充分了解自己的使命和天賦，妹恩（MEN）學習如薩滿以百分之百的信心療癒人和顯化奇蹟。當你相信就能創造然後顯化，一切取決於你的信心。拉馬特（LAMAT）帶著信心去連結和協助更多的人。阿克巴（AKABL）你將帶領大家從黑暗走向光明，重新回到光中，燃起新的希望。

　　如果需要再確認可以抽一張古馬雅神諭卡，一套共有二十位馬雅女神傳遞不同的訊息，每位女神的畫像都是從馬雅古老手抄本原圖拓下來的，每張卡皆帶著古老的振動頻率，當你把卡放在心輪或第三眼的位置，閉上眼睛就能連結古老的馬雅頻率，馬雅女神將會給你當下所需要的指引。

牌卡示意圖：
古馬雅神諭卡

8「無限女神」

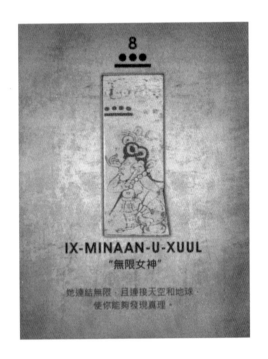

她連結無限，且連接天空和地球，
使你能夠發現真理。

第五部

古馬雅的神聖教導

馬雅人把整個宇宙看成一個金字塔。

我們的眼睛加上眉心輪的第三眼，是臉上的「金字塔」。

鼻子是入口，是生命的脈輪，耳朵有如無限符號的螺旋，

頭髮是連結宇宙的天線。

所以我們就是金字塔，就是一個小宇宙。

帕連克遺址的銘文石碑

Temple of the Foliated Cross – Palenque, Chiapas

亞特蘭提斯的巨人將宇宙的知識傳授給馬雅祭司

　　馬雅人與世界各地的原住民族一樣，在有關和平、繁榮、快樂和充實的生活上，有許多事情可教導我們。馬雅人的神聖知識，仍保存於其金字塔、神廟、陶器、雕像和古籍中，今天仍然非常活躍且可取得。

　　你可以親身體驗這些馬雅神聖知識的魔力。當你學習用心將大地之心與天空之心連結起來時，你便開始了深度的療癒，不僅僅是為了你自己，更是為了大地母親和全體人類。

　　馬雅人看待一切萬物皆是平等和尊敬，從他們的問候語 "IN-LAK'ECH"，可以知道馬雅人把所有遇到的每一個人都視為自己，當彼此不分你我時，一切就太平沒有了紛爭。不但如此，馬雅人對待一切萬物也是沒有分別心，在他們的眼裡，不管是太陽、月亮、天空、星星、樹木都有一個心。當我們走在森林看到樹，可以想像樹之心、月亮之心、太陽之心、風之心、地球之心、星之心……等。它們的脈動是跟我們一樣的跳動。神聖創造者給我們每個人、每個生命都有相同的心跳。

　　你是另一個我！（IN-LAK'ECH）
　　我是另一個你！（A -LAK'EN）

古馬雅人如何和宇宙連結？

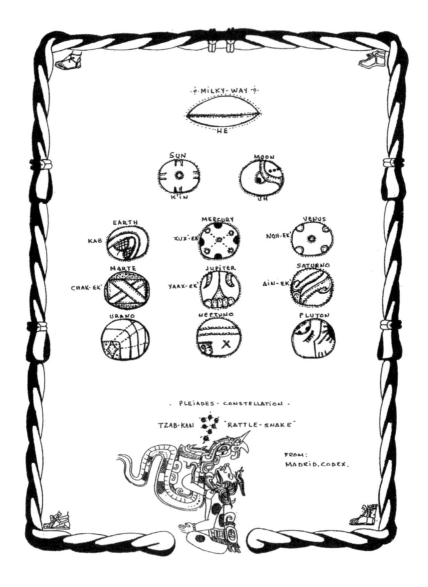

在太陽星系中，天狼星（Sirius）、獵戶星座（Orion）、昂宿星（Pleiades），和我們的太陽是連結的，銀河的中心點就是天狼星。運行的軌道是天狼星的太陽連結獵戶星座的太陽，再傳給昂宿星的太陽，最後才傳給我們的太陽，所以我們的太陽運行是受到天狼星、獵戶星座、昂宿星的影響。宇宙在運行時，能量從我們的頭頂進入身體，應該要流向大地母親，但有些人接收到能量，卻留在自己的身體而造成了身體的問題。太陽星系相對於整個宇宙是非常渺小，當宇宙變化時對我們的影響非常大。我們可以透過連結各個行星的咒音，來轉化和釋放我們的能量。

連結宇宙的三個要素：

一、啟示：接收神的啟示。

二、想像：相信你所想。

三、直覺：由直覺帶領。

連結各個行星的步驟：

一、把太陽的圖騰（或任何行星的圖騰）觀想圖騰在上方，閉上眼睛，開始祈請：父親！母親！請允許我能夠與父親連結，允許我和神聖的太陽能量連結。

二、用手在胸前畫一個十字，打開門（順時針畫一個圈），

再往前跨三步（代表三股創造能量：父、母、子），跪下來或坐下來，開始唸咒音，和神聖父親（或各行星）溝通接收訊息。結束後站起來表達感謝！接著用手在胸前畫一個十字，再把門關起來（逆時針畫一個圈），再往回走三步。

三、十字：代表你接收再給出去，你是十字，你是聖殿，你是金字塔，就是跟別人分享你好的振動頻率和好的訊息。

四、每次只能連結一個行星，要保持尊敬的心，當你的意圖是好的，接收到的訊息會是好的，也會對你有幫助。

五、馬雅人認為人類也是從天上的星星下來的，你可以找一顆你喜歡的星星，以同樣開門的方式，說出：我要去那個星球，然後閉上眼睛走三步，坐下來，你的靈就會去到那個星球了。

六、如果要連結地球的萬物，如山、樹、動物、礦石、山洞等，可以用地球的咒音（地球母親）。跟人連結也可以用地球的咒音，但要小心，跟他人的靈連結需要他人同意（對方的高我同意才可以）。

七、任何連結都會有訊息，用你內在的眼睛看到畫面。當你唸咒音時就是打開不同的次元，所以每次都要帶著禮敬的心，當我們召喚能量時要心存感激，帶著愛，帶著意

識，帶著意圖，確定目的是甚麼？

這些就是馬雅人跟宇宙星際溝通的方式了。

各個宇宙行星的咒音如下：

宇宙咒音——"Hun"〔音同：胡恩〕

　　當你在夜半看到滿天的星星，走進森林或比較安靜的地方，你就會聽到這個聲音。當你靜心連結宇宙時就唸誦"Hun"。我們的細胞頻率是和宇宙頻率相同的。用你自己的語言，類似祈禱文一樣說出，然後停止後，沉默時你開始去聽宇宙給你的訊息。

　　這咒音對我們有何意義呢？

- "Hun"代表合一（oneness），透過連結我們可以提問了解「我是誰？」可祈求宇宙協助你在靈性道路的成長或豐盛。
- 提問：「我來求的目的是什麼？」
- 宇宙的聲音會以螺旋狀由松果體進入身體，透過這個練習可以活化松果體。

銀河咒音——"HE"〔音同：嘿〕

- 銀河是創造的象徵。
- 圖騰中的點點代表頻率。

- "HE"代表創造（creation），這咒音也代表連結內在的創造，發此咒音可以和自己內在的分子、器官連結。

太陽星系各行星的咒音：

一、太陽咒音──"KIN"〔音同：克伊恩〕

- 四個方位（東西南北）。
- 四個元素（地水火風）。
- 中間第五元素KIN＝太陽、時間、光、智慧、神聖、脈輪。
- 當你能量低的時候可以唸太陽的咒音召喚太陽，可以馬上提升能量。

二、月亮咒音──"UH"〔音同：烏〕

- 圖騰中代表母親的眼睛。
- 三個黑點代表創造的三股力量：父親、母親、兒子／中子、電子、質子。
- 月亮掌管水、海洋、瀑布、河流，我們的身體有百分之七十是水，所以情緒深受月亮陰晴圓缺影響，進而儲存在太陽神經叢。
- 觀想金色的光進入太陽神經叢，唸誦月亮的咒音"UH"可以釋放負面的能量或積壓的情緒。釋放後，再觀想請求大

地之母的光充滿愛與和諧。

三、地球咒音──"KAB"〔音同：卡柏〕

- 圖騰中蛇的皮膚，代表地球表面和所有的萬物。
- 蛇根據季節的不同蛻皮，蛇教導我們在必要的時候要蛻去外皮，放手一搏，才能存活。如果你正面臨艱困的狀況，可以連結地球的咒音："KAB"尋求幫助。

四、水星咒音──"XUX-EK"〔音同：徐旭耶克〕

- 圖騰中的四個黑點有如十字，四個白點是轉動的十字，人是不動的十字，開始動起來時就產生了生命。
- "XUX-EK"表示要小心，要覺醒。
- 馬雅人稱水星是蜜蜂星星，蜜蜂代表生命和好的能量，要學習蜜蜂的專注。
- 水星和「藥」有關，如果身體不舒服時可以連結水星，尋求療癒。

五、金星咒音──"NOH-EK"〔音同：挪耶克〕

- 圖騰中五個圈代表五個元素：地、水、火、風、空，中間的圈代表宇宙的中軸。
- 金星代表愛、音樂、美麗、和諧的能量。

- 馬雅人稱它是「大星星」，金星和太陽同等重要。在清晨三至四點，金星第一個出現，連結金星最好的時間點是清晨三至六點，此時金星正發送好的能量到地球。

六、火星咒音——"CHAK-EK"〔音同：恰克耶克〕

- 紅色的行星，CHAK 就是紅色的意思，紅色是最好的能量。
- 代表戰士和轉化的意思，所以當你需要戰鬥力或力量轉化時可以連結火星尋求協助。

七、木星咒音——"YAAX-EK"〔音同：亞旭耶克〕

- 太陽星系中最大的行星，大到可以涵蓋所有的行星。
- 代表父親的意識：真理、忠誠、信心。

八、土星咒音——"AIN-EK"〔音同：阿音耶克〕

- 馬雅人稱它為鱷魚行星，圖騰代表長老或老人手中有一把劍，可以砍掉你的小我。
- 代表內在的轉化，消除小我的過程。

啟動七個脈輪的馬雅咒音

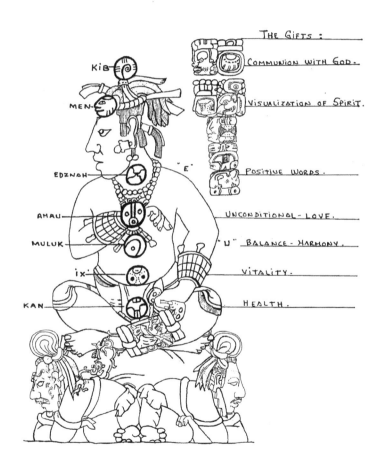

* THE 7 "HEL-UINIKOOB" 7 SEEDS OF CREATION *

THE GIFTS :

COMMUNION WITH GOD.

VISUALIZATION OF SPIRIT.

POSITIVE WORDS.

UNCONDITIONAL - LOVE.

BALANCE - HARMONY.

VITALITY.

HEALTH.

KIB

MEN

EDZNAH

AHAU

MULUK

ix

KAN

"E"

"U"

啟動方法

觀想連結每個脈輪的圖騰，同是唱頌對應的咒音，圖騰的頻率和咒音的頻率，就可以激活和提升脈輪的能量。

第一脈輪：海底輪／圖騰：坎（KAN）。

　　　　咒音——KAN〔音同：坎〕或

　　　　KUKUULKAAN〔音同：庫庫坎〕。

第二脈輪：臍輪／圖騰：伊旭（IX'）。

　　　　咒音——IX'〔音同：伊旭〕。

第三脈輪：太陽神經叢輪／圖騰：姆路克（MULUK）。

　　　　咒音——UH〔音同：烏〕。

第四脈輪：心輪／圖騰：阿浩（AHAU）。

　　　　咒音——AHAU〔音同：阿浩〕。

第五脈輪：喉輪／圖騰：埃茲納（EDZNAH）。

　　　　咒音——EDZNAH〔音同：埃茲納〕。

第六脈輪：眉心輪／圖騰：妹恩（MEN）。

　　　　咒音——MEN〔音同：妹恩〕。

第七脈輪：頂輪／圖騰：克伊伯（KIB'）。

　　　　咒音——KIB'〔音同：克伊伯〕。

運用宇宙的能量淨化身心靈

六種咒音

一、宇宙—— HUNNNN〔音同：胡恩〕

二、銀河星系—— LIL〔音同：里爾〕

三、太陽星系—— OL〔音同：喔爾〕

四、地球整個行星—— OM〔音同：喔恩〕

五、光體（身體和光連結）—— KIN〔音同：克伊恩〕

六、地球表面，連結地—— LUUM〔音同：路恩〕

　　練習靜心時可以選擇一至六同時做，也可以選擇其中一個做。選擇之後，閉上眼睛，開始持誦咒音，同時感受宇宙能量降下來包住自己。太陽的能量從頂輪進入身體，地面的能量從腳底上來，兩股能量在我們的心輪連結，從心輪發射出來，形成一個圓球把整個人包住，這和我們地球的運行是相同的。從宇宙接收到能量，進入到地球的中心，再從地球的中心形成磁力包覆了整個地球。

　　最主要是我們的心要連結天和地再擴展出去。心猶如太陽在我們身體中，我們隨時用這個連結去淨化心，把小我和負面的能量轉化，就能啟動內在光的戰士。

馬雅人的宇宙是一個金字塔

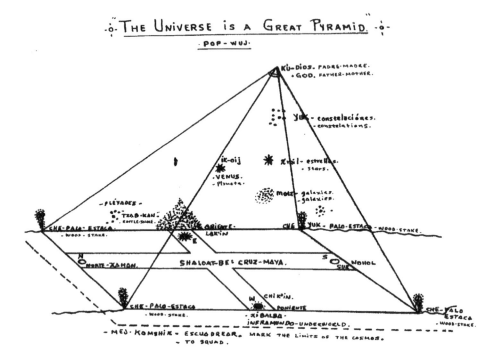

　　馬雅人把整個宇宙看成一個金字塔，在金字塔的尖端，馬雅人稱 "KU"，代表神的意思，他們認定是神在管理整個宇宙。在金字塔裡面可以看到不同的行星，不同的星座、星球、銀河星系、地球表面有十字代表四個方位。金字塔四端都有圖騰固定四個角。什麼叫做金字塔？Pyramid拉丁語是「測量」的意思。金字塔和太陽火的能量連結，即是和宇宙連結的意思。我們的眼睛，一邊是陰，一邊是陽，眼睛是靈所在的位置，兩個眼睛加上眉心輪的第三眼，是臉上的「金字塔」。

　　鼻子也是金字塔，鼻子是入口，是生命的脈輪，耳朵有如無限符號的螺旋，頭髮是連結宇宙的天線。所以我們就是金字塔，就是一個小宇宙。

古馬雅的太陽和月亮圖騰

~ K'in ~ sun.

MAYA- GLYPHS, WITH SUN'S - SYMBOLS.

馬雅象徵太陽的圖騰

　　上圖的花朵代表神給你的禮物，象徵和諧、光、愛，連結太陽的能量可以收到神給你正面的禮物。

　　下圖頭頂的雙圈，象徵你向著太陽時就可以啟動松果體。右邊的耳朵是天耳通。兩顆牙齒像是神聖的"T"，代表太陽的靈。鬍鬚代表智慧。臉頰的刺青代表兩股力量：陰陽、父母、正負、黑暗與光明。

UH - MOON

GODDESS - IX'CHEEL, AS MOTHER MOON.

代表月亮母親伊雪兒女神

每一個人在出生前的九個月都是在母親的子宮，所以九是代表月亮母親的數字。圖騰中間的三個圓圈代表創造的三股力量：陰性、中性、陽性，中子、質子、電子，父親、母親、孩子。

　　伊雪兒：豐盛、繁殖力、生命力、彩虹母親、地球母親、大地母親。

馬雅四個方位

~ MAYA · CARDINAL · POINTS ~

· EAST ·
· LAK'iN ·
· RED COLOR ·
· FIRE ·

東方

· WEST ·
· CHi · K'iN ·
· BLACK · COLOR ·
· WiND - AiR ·

西方

- NORTH -
· XAMAN ·
· WHiTE · COLOR ·
· EARTH ·

北方

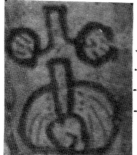

· SOUTH ·
· NOHOL ·
· YELLOW · COLOR ·
· WATER ·

南方

馬雅四個方位的意義

東方：LAKIN

代表：日出。

紅色、火元素。

祈請：愛、智慧、幸福、和諧、領悟、祝福、和平、平衡。

西方：CHI-KIN

CHI代表：嘴巴；KIN代表：太陽。

黑色、風元素。

祈請：內在轉化、釋放、道路指引、靈視力、寬恕、理解、力量、接地、內在信任、信心。

北方：XAMAN

代表：薩滿。

白色、土元素。

祈請：和宇宙大師連結、清晰的神聖道路、心靈的轉化、謙卑、忠誠。

南方：NO-HOL

NO代表：大；HOL代表：入口。

黃色、水元素。

祈請：榮耀祖先、祖母、感恩生命元素、豐盛、豐富、神聖、榮耀生命。

馬雅人神聖的數字13

- 代表絕對、創造的源頭。
- 十三個次元合一（Ox-Lahun-Tiku）。
- 自由，靈魂的自由。
- 人的十三個大關節——透過這與宇宙連結。
- 馬雅人的統治者最多只能執政十三年。
- 13×4（四元素：地水火風）＝五十二年。
- 13×20＝260天＝五十二週＝九個滿月。
- 13代表醫藥。
- 充滿信心相信數字13的力量。

✳ THE NUMBER 13 iN THE NATURE ✳

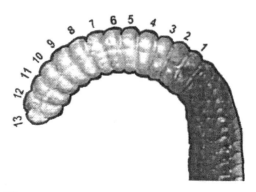

. THE RATTLE · SNAKE .

響尾蛇身上頭部和尾巴皆有數字13

馬雅人創造了「零」

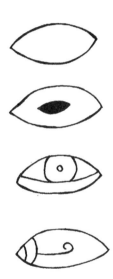

DIFFERENT REPRESENTATIONS:

" THE ZERO "

THE MAYAS. INVENTED THE ZERO, THAT MEANS:

-) BEGINNING AND END.

-) THE NOTHING AND EVERYTHING.

-) THE SEED OF LIFE.

- 代表開始和結束
- 空無一物又涵蓋了萬物
- 生命的種子

「零」象徵：

一、"Hun"——合一，創世主、創世的法則，空無但又有萬物。

二、生命的源頭（產生一切萬物），創造的種子。

三、神的眼睛，呼吸的氣息，透過呼吸和神連結。

四、創造的三股力量：聖父、聖母、聖子。

後記

馬雅大師們從遠古時代至今持續不斷給予人類指引，因為藉著他們所傳下來的馬雅曆法，我們能夠提升自己的振動頻率，進而成為有覺性的存有。神聖曆法中的太陽和月亮圖騰是純粹的智慧，它和人類的意識不斷對話，馬雅圖騰和符號涵蓋了內在和外在的實相。

「喔！馬雅的眾神、父親呼納庫、偉大導師伊札納、母親伊雪兒、祖母伊雪穆卡內，光之蛇庫庫坎，我們將會在您的神廟和金字塔中，再次聆聽您的聲音。」

馬雅人留給我們很多不凡的遺產，如手抄本、神廟和金字塔，因此我們能將這些神聖的知識，應用於我們的日常生活。無論是用於內在或外在、物質還是精神上，只要我們巧妙地將這些教導應用到日常生活中，它們就如同純金一般珍貴。

我們已經來到了要做出重大決定的時刻，每個人需要下定決心，以實際的、明智的、靈性的和愛的方式朝向光邁進。眾神所賜予我們測量時間的方法，我們已接收到祂們的智慧。宇宙的造物者允許全人類使用哈伯太陽曆和卓爾金月亮曆為基礎，讓我們重返創造和生命的最初源頭！

所有的馬雅圖騰或日，都是光的一部分，因此，每一個

都與太陽和月亮的能量、我們的父親和母親，以及宇宙的振動息息相關。

　　「在生命之蛇庫庫坎的光環中，我們找到了哈伯太陽曆與卓爾金月亮曆、宇宙中的時間與空間，它們被寫在樹皮紙上，記錄於書本和手抄本中，每個象形文字都是你自身的一部分。敞開你的心扉，你便能看見每一頁尚有很多知識等待你去發掘，再次開啟你的意識去回應覺醒的召喚吧。」

　　　　　　　　　　　　　　　——馬雅大師　納祖爾

BC1075

古馬雅曆法大解密
活出你的靈魂印記，取用宇宙能量頻率

作　者	米格爾（Miguel Angel Vergara）、王慧芳（Rita Wang）
責任編輯	田哲榮
協力編輯	朗慧
封面設計	斐類設計
內頁構成	李秀菊
校　對	蔡函廷

發 行 人	蘇拾平
總 編 輯	于芝峰
副總編輯	田哲榮
業務發行	王綬晨、邱紹溢
行銷企劃	陳詩婷
出　版	橡實文化ACORN Publishing
	地址：10544臺北市松山區復興北路333號11樓之4
	電話：02-2718-2001　傳真：02-2719-1308
	網址：www.acornbooks.com.tw
	E-mail：acorn@andbooks.com.tw
發　行	大雁出版基地
	地址：10544臺北市松山區復興北路333號11樓之4
	電話：02-2718-2001　傳真：02-2718-1258
	讀者傳真服務：02-2718-1258
	讀者服務信箱：andbooks@andbooks.com.tw
	劃撥帳號：19983379戶名：大雁文化事業股份有限公司

印　刷	中原造像股份有限公司
初版一刷	2020年4月
初版三刷	2021年11月
定　價	380元
I S B N	978-986-5401-23-8

歡迎光臨大雁出版基地官網
www.andbooks.com.tw
‧訂閱電子報並填寫回函卡‧

國家圖書館出版品預行編目資料

古馬雅曆法大解密：活出你的靈魂印記，取用宇
宙能量頻率／米格爾、王慧芳著. -- 初版. -- 臺北
市：橡實文化出版：大雁文化發行, 2020.04
　面；　公分
ISBN 978-986-5401-23-8（平裝）

1.曆法　2.預言

298.12　　　　　　　　　　　　　　109002360